Studies in Contemporary Capitalism
当代资本主义研究丛书

新自由主义不死之谜

The Strange Non-Death of Neoliberalism

科林·克劳奇（Colin Crouch）/ 著
蒲艳 / 译

中国人民大学出版社
·北京·

谨以此书献给琼

致　谢

感谢琼·克劳奇（Joan Crouch）多年来听我讲解本书的思想及对本书思想的贡献；感谢马里·普里查德（Mari Prichard）接受校对本书初稿的艰巨任务，并劝说我把艰涩的表达变成易读的文字；感谢马克·哈里森（Mark Harrison）对书中若干经济学观点的建议；感谢沃里克大学商学院政府与公共管理国际研究中心（the International Centre for Governance and Public Management）的同事和学生在我写作本书时提供的宝贵建议；感谢Polity公司的三位匿名评审人，为本书最初的版本提供了善意而富有建设性的改进意见。由于我不一定采用以上各位提出的建议，加之我提出的观点他们也不一定同意，所以他们与本书的任何缺点与错误概无关联。

前　言

2008与2009年交替之际爆发的金融危机可以说标志着自20世纪70年代末以来，那套统治西方和世界上其他许多地方的经济学思想遇到了严重的危机。这些思想通常被冠以"新自由主义"的名字，其中有许多分支和流派，但背后都有一个突出的主张：自由市场可以保证个人物质利益的最大化，从而为实现人类福祉提供最佳的手段。政府或政治家的任何干预措施，要么效率低下，要么威胁市场的自由运行。所以，政府和政治家皆不应干预经济生活，由市场自行其是才会产生最好的结果。

金融危机对这些思想提出了挑战，因为这场危机波及了世界上的主要银行。银行作为追求利润最大化的机构，按照最纯粹的市场规则经营，有哪些因素促使它们为所欲为，不对整个人类福祉负责呢？当今不受规制的金融市场可能是有史以来最为复杂的市场形式，已被最先进的经济理论证明具有自我矫正的功能，怎么可能遭遇如此重大的麻烦呢？假如有人曾经告诉我们——即便这个人是政府——政府比市场上的企业的效率要低得多，所以政府对市场的干预越少越好，那为什么金融危机期间银行要跑去找政府索求巨额的资金，把它们从困境中解救出来呢？为什么政府要接受它们的要求？难道真是大银行"太大而不能倒闭"（too big to fail），一旦它们陷入麻烦，政府和纳税人就要赶紧跑去帮忙？假如这是事实，那我们岂不是要承认，市场能够实现的目标有严重的局限性，新自由主义的核心思想存在根本错误吗？

1936年，乔治·丹格菲尔德（George Dangerfield）出版了一本名为《自由英国的离奇死亡》（*The Strange Death of Liberal EngLand*）的书。该书力图解释19世纪末期主宰英国的经济思想和政治党派为什么在20世纪初突然崩溃。我们在今天也遇到同样的问题，但我们面临着不同的任务,因为新自由主义在金融危机之后并没有消逝,反而在政治上变得更加强大。虽然金融危机主要涉及银行和银行的行为,但在许多国家,解决金融危机的措施竟然是大幅度削减福利支出和公共支出。之所以出现这种局面,是因为新自由主义已经成为一种国际性的,甚至全球性的现象。因此,我们必须要搞清楚:新自由主义为什么至今不死?

这个难题的核心在于:已经实际存在而不是仅仅属于空想的新自由主义宣称对自由市场做出了巨大的贡献,但事实根本不是这样。实际上,新自由主义促进巨型企业(giant corporation)主导了公共生活。市场与政府之间的对抗成为许多社会的主要政治冲突,而这也彰显了第三种力量——企业——的存在,这种力量具有比前两者更大的潜力,并能够改变前两者的运作过程。这种趋势始于20世纪,在21世纪初继续发展。金融危机不仅没有削弱它,反而使它更加强化。在这种趋势中,政府、市场和企业已不再相互对抗,而是进行了一系列舒适的调整(comfortable accommodation)。本书的一个重要目标是解释,持续以市场和政府为话题的政治争论,为什么忽视了这种重要现象引发的问题。

美国企业主要围绕国会以及许多其他的立法机构和政府部门展开惊人的游说活动,这是美国企业政治力量最直接的写照。当跨国企业在世界范围内选择投资场所时,它们建立"政权店"(regime shop)的能力也清楚地显示了它们的政治影响。从目前来看,这些现象还受到下列因素的强化:第一个因素是政府越来越爱把许多公共活动外包给私人企业,后者随即参与公共政策的制定;第二个因素是企业社会责任的发展。企业社会责任指企业实际业务之外的其他活动,其实质也是制定公共政策;第三个因素在本书刚开始就提及,即巨型企业,特别是金融业的巨型企业,在当代社会中的作用已经毋庸置疑,2008—2009年的金融危机再次加强了它们的力量。

我在我的著作《后民主》(*Post-Democracy*,由Polity公司于2004年出版)中简要地论述了其中一些问题。我认为,有众多因素正在把我们的民主变成一副空架子,跨国企业的力量就是其中一个。上述因素的

前言

进一步发展使我们必须回到主题，进一步探索当许多企业不再是政治过程的强大施压者而成为其内部参与者之后，对民主和政治会产生什么影响。没有任何政治或经济理论能够解释或维护民主与政治由此发生的变化，但这却是我们公共生活的重要事实。

一个变化是市场作为牺牲品加入民主过程，这看起来似乎有点奇怪。大多数政治争论都没有区别市场与企业，这正是我们所要讨论的几个问题的根源。市场与民主的结合使曾经得到高度关注的"市场与政府"的冲突成为过去。其他人可能常常谈起政府、市场与企业之间的三角对抗，但我更愿意使用"舒适的调整"来形容，部分原因是企业力量使三者捆绑在一起成为必然，部分原因是改变这种关系的唯一替代选择是一个相当悲惨的社会，其中至少有一种力量将被削弱到无法再起作用的程度。人们只需稍加反思就能意识到这种情况下的生活将会变得多么艰难。

因此，本书的目的并不是宣传我们应该努力摆脱巨型企业的控制。杰斐逊式的自由主义者和马克思主义者的盟友可能渴望出现这种结果，但这都属于不合现实的过去。本书提出第四种力量——公民社会。它们发出微弱、但持续不断的声音，用以批评、攻击和揭发政府、市场和企业三角关系中的不良行为和滥用行为。尽管这无法改变企业主导的资本主义的社会秩序，但是，只要我们的社会保持开放和警惕，我们的生活就会比放任政府与企业行为好得多。

最后，不当地引用一下安德鲁·马韦尔（Andrew Marvell）的诗句[①]：

这样，我们虽无法叫企业驻足，
却可使它奔跑向前。

[①] 安德鲁·马韦尔（1621—1678）《致羞涩的情人》（与本书的背景截然不同）一诗的最后两行是：这样，我们虽无法叫太阳驻足，却可使它奔跑向前。

关于本书

围绕本书主题的大多数文献都从如何改变世界的视角出发——要么由作者自己利用手中难得的机会来改变，要么由那些被寄予希望的政治领导人来改变。但是，几乎没有人能够处于改变世界的地位。那些有能力改变世界的极少数人，通常也只是把世界变得更糟。当前需要越来越多的人努力改进我们赖以生存的世界，本书就是为他们而写。"后民主"的概念出自我为费边协会（Fabian Society）撰写的一本名为《应对后民主》（Coping with Post-Democracy）的小册子。相对内容来说，该书的标题有点简单，但其写作目的也很简单：即如何应对一个疯狂超越普通人控制的世界。现在的这本书是《应对后民主》的续篇，论述的主题有重叠的地方，阅读对象仍然是那些必须应对后民主的人。

如同前一本书一样，本书的阅读对象是普通读者，而非专业人士。因此，本书不像学术研究著作那样，载有大量的参考文献和脚注，而是只为每一章提供了少量一般性的参考文献和进一步阅读的建议。

本书部分章节的目的在于把我的学术研究成果变成更易阅读的文字，例如：

第 2 章和第 4 章使用了 M·福林达斯（M. Flinders）等人编著的《英国政治的牛津手册》（The Oxford Handbook of British Politics，牛津大学出版社，2009）中我负责的那一章"市场化"（Marketization），参见第 879~895 页。这部分材料的使用已征得牛津大学出版社的同意。

第 3 章使用了 D·科恩（D. Coen）编著的《企业与政府的牛津手册》（The Oxford Handbook of Business and Government，牛津大学出版社，2009）中我负责的"跨国企业：民主资本主义中巨型企业的问题"（The Global Firm: The Problem of the Giant Firm in Democratic

Capitalism)一章,参见第148～172页。这部分材料的使用已征得牛津大学出版社的同意。

第5章主要基于我在《英国政治与国际关系》(*The British Journal of Politics and International Relations*)杂志发表的文章"私有化的凯恩斯主义:一个未获承认的政策王国"(Privatised Keynesianism: An Unacknowledged Policy Regime, 2009),参见第382～399页。

第6章部分利用我在《组织研究》(*Organization Studies*)杂志发表的文章"市场与组织环境中的企业模型:研究企业社会责任的方法论"(Modelling the Firm in its Market and Organizational Environment: Methodologies for Studying Corporate Social Responsibility, 2007),参见第1533～1551页。

第7章部分使用J·本林顿(J. Benington)和M·穆尔(M. Moore)编著的《公共价值:理论与实践》(*Public Value: Theory and Practice*, Basingstoke: Palgrave Macmillan, 2010)中我负责的那一章"私人利益、公共利益和价值"(Privates, Publics and Values)。

目录

第 1 章　新自由主义的起源和发展 …………………………………… 1
　　新自由主义的起源及错误的开端 …………………………………… 2
　　社会民主运动 ………………………………………………………… 6
　　新自由主义的新机会 ………………………………………………… 10
第 2 章　市场与市场缺陷 ………………………………………………… 18
　　市场特性与市场缺陷 ………………………………………………… 21
第 3 章　企业对市场的控制 ……………………………………………… 36
　　反垄断法的重要性 …………………………………………………… 38
　　新自由主义思想关于政府干预的悖论 ……………………………… 46
第 4 章　私人企业和公共事业 …………………………………………… 53
　　市场化的私有化与非市场化的私有化 ……………………………… 59
　　远离私人部门 ………………………………………………………… 68
　　结　论 ………………………………………………………………… 70
第 5 章　被私有化的凯恩斯主义：债务取代了戒律 …………………… 73
　　股东利益最大化模式的含义 ………………………………………… 77
　　各种模式的同谋者 …………………………………………………… 82
　　被私有化后：负责任的企业在哪里？ ……………………………… 89

/ 1

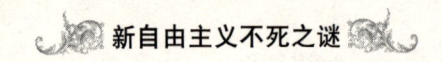

第 6 章　从企业与政治的纠缠到企业的社会责任 …………… 94
　　把企业的社会责任作为企业的一种政治任务？ …………… 100
第 7 章　价值观与公民社会 …………………………………… 108
　　公民社会 …………………………………………………… 114
第 8 章　还剩下多少正确的思想？ …………………………… 122
　　回到政府？ ………………………………………………… 128
　　超越政府、市场和企业 …………………………………… 131

参考文献 ………………………………………………………… 136
推荐阅读 ………………………………………………………… 139
译后记 …………………………………………………………… 141

第 1 章
新自由主义的起源和发展

新自由主义反对凯恩斯需求管理理论，20世纪70年代的通货膨胀使这一理论遭遇了严重危机，同时使新自由主义的思想盛行。如果可以证明凯恩斯需求管理理论并不会导致危机，是否目前在西方世界居于主导地位的就不是新自由主义而是别的什么经济思想了呢？答案是否定的。凯恩斯主义的危机使其遭遇全面崩溃而不是局部坍塌，其原因并不在于凯恩斯主义本身存在根本性错误，而是凯恩斯主义所代表的阶层——西方工业社会的体力劳动者——的社会影响正在出现历史性衰退。与此相反，从新自由主义思想中获益良多的利益集团——巨型企业，尤其是金融业的巨型企业——的社会影响却丝毫没有受损。虽然正是银行业的错误行为导致2008—2009年的金融危机，但这场危机却使银行业变得更加强大。因为新自由主义认为银行业对新世纪美国经济的发展至关重要，所以必须千方百计地保护银行，使银行不用为自己的愚蠢行为埋单。与此同时，大多数同样深受危机影响的其他行业都没有得到保护。公共服务业面临的境况就更糟糕了，因为它被要求大幅度削减资源。部分银行职员在危机时期仍然获得丰厚的奖金，这成为事后引起重大争议的一个话题。更可笑的是，持续向银行业提供补贴被视为是可以使金融业恢复活力、使全国经济得以复苏的必要而合理的举措，要知道这些补贴大部分来自纳税人为"救市计划"做出的贡献。金融业已经在危机中显示出它对其他社会部门的依赖——至少在银行业高度发达的英美国家是如此。这些政府在危机中保护银行业而不保护其他行业，甚至还削减公共服务开支，使银行业在经济生活中的地位愈益强大。

在我们分析这种状况对新自由主义关于自由市场的主张的含义之

前，我们首先要近距离地考察新自由主义的特征及其思想来源。接下来在第2至第4章，我们将考察有关"政府与市场"的争论，以及这场争论中企业力量的崛起和企业本质的变化。我们将在第5章回过头来，较为详细地考察凯恩斯主义到新自由主义的转变及其广泛影响，我们还将在该章结尾处说明2008年金融危机过后企业成为重要经济组织的原因。第6章考察企业得以占据舞台中心的社会政治环境，包括企业社会责任等概念。第7章讨论前面章节间或提到的一个主题：价值观，特别是涉及公共和集体问题的价值观，以及如何看待市场、政府以及企业之间的关系。我们将在最后一章，即第8章，就如何应对前面章节提到的种种问题给出答案。

·新自由主义的起源及错误的开端·

我们今天用来描述公共生活的许多词语都包含"新"（neo-和new）或"后"（post-）这样的前缀，如新自由、新保守、新工党、后工业化、后现代、后民主等。看起来好像我们非常欢迎重大的制度变化，但又对我们即将进入的新时代充满不确定，所以使用"后"的概念表明我们已经把某些东西抛在脑后，使用"新"的概念隐晦地表明我们进行革新与创新的愿望。新自由主义就是其中一个通过添加前缀"新"（neo-）而产生的词语。为更好地理解这一概念，我们需要先了解自由主义的思想，然后再说明"自由主义"之前加上前缀"新"字的意义。

"自由主义"的含义就像政治家常用的术语一样难以捉摸。从目前来看，自由主义倾向于代表西方世界政治左派的思想。在欧洲，特别是在中东欧曾经实行国家社会主义的地方，那些主张公民自由和在经济生活中严格贯彻市场法则的党派通常奉行自由主义。主张公民自由的自由主义在政治上通常属于左派，主张在经济生活中严格贯彻市场法则的自由主义在政治上则属右派。美国的自由主义在政治上通常属于左派，因为它和欧洲的自由主义一样，致力于促进公民自由，反对宗教团体的政治影响。令人奇怪的是，美国的自由主义者信任政府对经济生活的干预，反对自由市场传统，这与自由主义一贯的历史含义相悖。

为理解这一情况的复杂性，我们必须回到17和18世纪。那时君主、贵族、教皇和主教认为人们除了拥有被他们赋予的、可以撤销的权利外，再无别的权利，这导致被压迫力量的强烈反对。反对力量首先在欧洲，随后在北美洲得到蓬勃发展，并逐渐把双方之间的冲突上升到思想意识领域，目标在于获得思想自由。在君主制国家，贵族与教会通过授予贸易垄断权攫取了巨额的商业和工业财富，引起商人的不满。商人渴望开放市场，脱离贵族和宗教力量的控制，因此他们加入这场争取自由的运动，他们使用的口号是：自由是人类生而具有的、独立的、不可分离的权利，任何人都无权授予或取消这种权利。实际上，由于在当时很难指望短时间内就能取消教会、国家和贵族地主手中的权力，所以人们对自由的追求常常体现为以下各种要求：减少国家对经济生活的干预；政教分离；减少道德标准对家庭的束缚，特别是对个人生活方式的束缚。通过上述各种主张，社会生活出现一定的分工，权力的使用范围受到一定的限制，个人自由得到一定的实现。

从保守人士的视角来看，这一过程导致人们道德沦丧（没有共同的道德观）、社会分裂而混乱。截至19世纪末，资产阶级已经拥有财产所有权，以及工厂和其他作为经济活动基础的自由权利，包括雇用劳动力的权利。资产阶级所拥有的这些权利使他们开始登上权力舞台，成为社会的主宰。工人和其他人的生活仍在很大程度上受到雇主的控制，但他们已开始要求摆脱这种控制。他们期待逐步走向民主的国家能够赋予他们抗衡雇主的力量。社会批评家开始把批评意见转向商业价值观和金钱对社会生活各个领域越来越多的控制。自由的传统就这样分裂成两部分。

一部分是社会自由，重点是追求权利，包括工人阶级提升阶级地位、摆脱贫困的权利。在这个过程中，一些社会自由人士越来越爱求助于自由的宿敌——国家，这简直让人难以理解。另一部分是经济自由，重点是产权自由和市场交易自由。持有这种观点的人士越来越多地发现，他们与守旧的保守派敌人——旧制度的保护者——站到了一起，想要保卫当权者和各种产权不受攻击，特别是不受民主的攻击。经济和政治分离是自由和市场有效运行的关键,但毫无财产的工人阶级主导的民主国家却对此构成了重大威胁。使问题更为复杂的是,由于资本主义和经济自由主义的发展,功利主义的价值观替代了道德标准,社会自由人士、社会主义分子和保守分子等等各种流派的自由主义,或以思想流派的形式,或以政治党派的形式,分道扬镳,为不同的目标努力。

到第二次世界大战爆发的时候,最初使自由主义与国家相互冲突的社会环境已经完全改变了。20世纪20年代,自由资本主义经济彻底破产,整个世界陷入严重衰退。到20世纪30年代,三种不同的经济生活组织形式看起来比自由市场具有更高的效率和更大的发展空间,它们分别是:苏联模式、德国和意大利模式,以及美国、法国和斯堪的那维亚国家等整合政府需求管理和福利国家政策而产生的经济生活组织模式。尽管上述三种经济生活组织模式各不相同,但它们都利用了政府的力量,这是古典自由主义没有想到的。"二战"后法西斯主义垮台,苏联运用专制力量统治着半个欧洲。在当时看来,苏联的专制统治在一定程度上提高了经济效率。很快地,中国这个世界上人口最多的国家与苏联结成了短暂的、不稳定的政治联盟。美国、法国、斯堪的纳维亚国家等西方民主国家实行高度多样化的经济干预和社会干预,这种形式在西欧、北美、日本、印度和澳大利亚等国得到了几乎所有政治党派和学者们的支持。似乎最初那种通过自由市场调节经济,政府尽可能少地进行干预的自由主义思想已经消亡。但事实上,自由主义思想在社会领域依然存在,主要诉诸不受国家干预的财产所有权和控制权之外的其他权利和对自由的追求。

稍后我们将会更加详细地描述政府干预的种种形式,但在此之前,我们必须先看看经济自由主义思想接下来的发展。经济自由主义思想在西方从未消失。不受威胁的产权、较少程度的政府干预和减税等观点在极其富有的人们中间仍然很受欢迎,这些人在经济不景气的时候总能找到学者为其经济自由主义思想摇旗呐喊。特别是当东欧社会主义国家人们生活困苦、缺乏自由的真相被公开的时候,人们再次想起政府力量带来的危险。这在美国尤其明显,因为英国的统治给美国人留下了专制统治的阴影,加上美国独立后政治腐败极为猖獗,使美国人对政府力量产生了普遍的怀疑。美国产生了一种新的政治党派，把经济和社会领域的一切政府行为都视为共产主义，并要求采取强硬手段在公共领域把所有与共产主义有关的人员都驱逐出去。20世纪50年代，美国参议员尤金·麦卡锡代表国家利益发起轰轰烈烈的反共运动，人们对经济自由主义思想所采取的保护行动变得极端偏执。结果，在美国，"自由"一词丧失了原意，意味着对福利国家和政府其他干预经济行为的支持。

真正代表"经济自由主义思想"的回击在二战结束前就开始了。在那时，一群德国和奥地利的学者不断思考阿道夫·希特勒彻底倒台后德国应该如何建立新的经济秩序，使具有创新精神的资产阶级得到复苏。这群学者认为，资产阶级的创新精神正在遭到国家干预政策的破坏。他们否认所有政府行为都不可取的观点，认为政府可以起到保护市场经济的作用。他们认为市场上存在多个厂商，相互之间展开竞争，对市场的有效运行、消费者选择和维持资产阶级的创新精神至关重要。他们既不希望资本家遭到清算，成为反对资本主义的无产阶级，又不希望资本家掌控的企业发展过大，成为支持希特勒那样的"巨型企业"。他们只是担心竞争的结果通常导致消除竞争本身，因为大型企业在竞争中更容易获胜，夺走小型企业的一切，导致小企业的失败。美国的反垄断法运用法律（也就是政府力量）来限制单个企业在特定市场的份额，从而达到既保护竞争，又不至于出现不良后果的目的，这一做法在德国的学者中深受欢迎。德国学者并不主张不受限制的市场，而主张由法律来保护竞争秩序和实现经济自由。这种思想在战后联邦德国的决策过程中有诸多体现，被称为"社会市场"（social market）。提出这一概念最初的部分目的在于抨击自由主义关于政府干预的政治主张，结果到了20世纪80年代，逐渐被人用来表示政府干预的经济思想。

这些新的经济思想认为国家——更确切地说是法律——对保证市场力量的有效运行起着独一无二的作用。这种思想很快传播到美国，被冠以"新自由主义"的名称。之所以这样称呼它，是因为自由主义现在已经失去其本义，不适合代表这种思想。新自由主义具有多种流派和思想主张，但只要我们坚持在解决社会问题和实现人类目标时倡导市场优先于政府，我们就抓住了新自由主义的本质。

我们现在必须考察自由主义如何在思想领域和讲究实用的政治领域实现了上述回归。这需要考察二战后的几十年里，在西方各国的社会和经济政策领域，有哪些其他的思想得到了发展。

·社会民主运动·

共产主义或国家社会主义、法西斯主义与经济自由主义都旗帜鲜明地表明了政策方向，但西方国家在二战前、中、后等时期发展起来的许多思想却与此相反，因为后者常常代表不同对立党派之间的一种妥协和折中。其原因是相互竞争的党派既不能接受其中一个党派获得完全胜利，又不相信其中一种政策能够取得全面成功。最近人们常把这些思想与"社会市场"或"社会民主"（social democracy）等思想联系起来。前文说过，"社会市场"逐渐被用来代表政府干预，但"社会民主"的概念倒有几分符合本意。"社会民主"最初是由19世纪反对资本主义的工人阶级提出的一种主张，他们提出的其他主张或概念还有"社会主义"、"共产主义"、"劳工党"等。这些词语差不多可以交替使用。工人阶级运动的政治主张是压制和取代资本主义，最初他们主张由"国家所有"取代资本主义，后来他们又希望通过一种虚无的、把政府排除在外的"大众所有"来取代资本主义。

1917年俄国革命爆发后，世界上所有团结在其周围的党派都把自己称为"共产主义"，虽然它们也采用了一些其他的名称，但含义都差不多。这种状况直到20世纪50年代才有所改变，起因在于德国和瑞典的工人政党把自己称为"社会民主党"，但却放弃它们一贯打压资本主义的主张，转过来承认私有产权在经济中的主导作用。1959年，德国的社会民主党甚至提出这个口号："市场是可能的，就像政府是必要的一样。"其他党派，比如英国的工党，早已主张实行混合经济，但在20世纪90年代之前并未公开承认这一点。事实上，截至20世纪90年代，"社会民主"已像其老对头"社会市场"一样，逐渐用来泛指一切可以实现市场与国有经济相互混合的政策模式。20世纪90年代之后，"社会民主党"逐渐用来表示中间偏左的政治党派，其范畴是如此松散，以至于在 20 世纪六七十年代，人们可以把世界上的大多数党派，或者说至少是西欧国家的大多数党派，全部归入其门下。需要指出的是，在北欧之外的其他国家，社会民主党极少能够取得执政党的地位。

"社会民主"现已加入"保守"和"自由"这些词的行列：在政治领域代表某种政治党派或正式组织；在思想领域则代表更加宽泛的政策主张和意识形态。

从这个意义上看，社会民主代表一切集政府与市场力量为一体的策略，目标是实现经济的最大效率，避免任何人为的冲击，实现市场难以实现的社会目标，缩小市场过程带来的收入差距。其中，实现经济效率与缩小社会差距这两个目标尽管相互依赖，但却常常存在冲突。在收入差距很大的国家，人们缺乏经济安全，缺乏创新和改革的动力，难以提高经济效率。这样的国家缺乏大批富裕的消费者，难以维持经济发展的动力——市场需求，从而影响了经济的发展。正是因为效率与公平之间存在相互依赖，社会民主才能代表一种比较宽泛的社会妥协；也正是因为这两个目标之间潜在的冲突，市场力量与政府力量的抗衡才成为整个 20 世纪，乃至 21 世纪政治冲突的焦点。

19 世纪和 20 世纪初期，社会精英阶层之所以"谈民主色变"、对民主看法悲观，其中一个原因就在于他们没能看到民主可以迅速实现普遍繁荣，解决饥饿的人们的温饱问题，从而将这群人可能摧毁社会制度的怒火熄灭于萌芽状态。越是乐观的社会，例如英国，越能看出财产所有权和公民权利慢慢扩张的态势。技术熟练的体力劳动者的工资不断提高，生活愈加稳定，白领雇员的社会地位不断提升，加上建筑业的社会运动（the building society movement），房屋产权逐渐普及，这些都扩大了公民的财产所有权。

但是，问题的根源并不仅在于工人的穷困和缺乏产权，还在于市场经济的不断发展带来的激烈的市场波动，这种被动导致工人生活很不稳定。19 世纪末，德国开始实施社会保障政策，通过保险制度对工人失业、生病和衰老造成的收入损失进行补偿，为工人提供最低生活保障。这样的政策随后逐渐扩散到法国、奥地利、英国和其他地方。尽管这类政策的目标、范围和成就非常有限，但它们确实成为社会民主的奠基石之一。

　　这些趋势最终破坏了对经济自由主义的信仰。需要指出的是，解决贫困问题需要做出实质性的改变，找到一个与经济自由主义更为兼容的方法。20世纪初制造业的大规模生产制度在一定程度上解决了这个难题。美国的福特汽车公司是规模化生产的典范，其先进的技术和工作组织大大提高了低技术工人的生产率，使商品可以以更低的成本被生产出来，同时工人的工资得以增加，能够购买更多的商品，大规模生产商和大规模消费者终于走到了一起。这一时期的技术突破发生在最接近民主思想（虽然这种民主主要体现在取消种族歧视上）的大国具有非常重要的意义，因为只有技术和民主结合在一起才能解决贫困问题。但就在1929年，在福特模式出现几年之后，美国华尔街股市突然崩盘，这标志着宏观经济不稳定（即整个经济生活不稳定）的问题依然非常严重。市场的不稳定性与消费者选民对稳定的追求之间的矛盾依然没有得到解决。在世界上的其他地方，相信政府在市场激烈波动时必须介入，挽救市场免其崩溃的观点与民主的思想并不矛盾，从而也得到了加强。

　　到二战结束的时候，西方工业社会的有识之士已经清楚地看到，利用法西斯主义保护产权不受民主威胁的行动完全是一场灾难。资本主义和民主必须相互依赖，至少在世界上那些不能轻易摧毁大众运动（popular movements）的国家是如此。福特的规模化生产模式使工人工资得到提高，因此增加了大众的消费能力和对规模化商品的需求。这样的良性循环可以部分地解决资本主义和民主之间的矛盾。斯堪的纳维亚国家和英国实行的福利国家制度正是这种社会政策的推广，它可以很好地解决工人生活不稳定的难题。充满自信的、生活稳定的工人消费者，一点也不再是资本主义的威胁，反而促进市场和利润史无前例地扩张。资本主义和民主就这样实现了相互依赖。

　　在资本主义和民主相互妥协的过程中，另一个因素起了更加重要的作用，这就是逐渐盛行的凯恩斯需求管理理论。该理论虽然以英国经济学家约翰·梅纳德·凯恩斯（John Maynard Keynes）的名字命名，但主要思想却来自英国和瑞典的经济学家。凯恩斯需求管理理论主要盛行于斯堪的纳维亚国家、英国和奥地利等,在美国也有一定影响。连世界银行这样的国际机构也倡导该理论,因此该理论在西方世界占据统治地位长达30多年。凯恩斯需求管理理论的政策主张是:当经济出现衰退,人们对未来缺乏信心的时候,政府就应通过举债来增加支出和刺激经济;当经济出现过热、需求出现过剩的时候,政府就应减少支出、偿还债务、降低总需求。凯恩斯需求管理理论意味着较大的政府赤字,因为只有较大的政府赤字才能对国民经济产生足够大的影响。对英国和其他一些经济体来说,只有像二战那么大的军事开支才会引发如此大规模的赤字。二战以前的许多战争也曾导致战时国家支出急剧增加,但战后就迅速萎缩。第二次世界大战与它们不同,因为战争结束后这些国家推行福利国家政策,使国家支出不因军事支出的减少而减少。

凯恩斯主义使普通人免去受市场激烈波动之苦,维持了生活的稳定性。凯恩斯主义熨平了商业周期,使规模化商品的消费者对未来充满信心,也使大规模生产行业得以平稳运行。在推行凯恩斯主义的国家,失业率降到了很低的水平。福利国家不仅为政府提供了需求管理工具,而且还在除市场之外、对人们生活来说至关重要的领域提供了许多重要的服务。凯恩斯主义并不反对市场或资本主义,适度的需求管理加上福利国家政策可以保护资本主义经济免受较大冲击,保证经济的平稳运行;避免政府对市场进行过多的干预;避免国家遭到敌对政治力量的攻击;保护工人的生活不受市场激烈波动的影响。可以这样说,凯恩斯需求管理真正实现了一种社会和解。

凯恩斯在写作需求管理理论时没有预见到,新社团主义式的劳资关系会成为战后需求管理模型的一个决定性因素。美国的劳资关系没有这种特征,英国的劳资关系也只是偶尔才呈现这种特征。但是在北欧国家、荷兰以及奥地利,劳资双方纷纷组成强大的集团。在新社团主义式的劳资关系下,工会和雇主协会都极力确保它们的协议不会造成通货膨胀,特别是不会造成出口价格的提高。因此,价格稳定的前提是,工会组织和雇主协会具有足够的权威,能够确保所有工人和厂商不会破坏协议条款。对于那些特别依赖外贸的小型经济体,这种集体议价制尤为盛行。德国是唯一一个拥有工会组织的大国,其目的在于发展出口,避免完全由内需拉动经济增长。而且，在德国，只有钢铁和机械业的工人参加工会运动，因为这种行业对出口价格非常敏感。

以下是社会民主思想在社会经济领域最终形成的一系列主要特征：

●凯恩斯需求管理。该理论认为政府非但不会破坏市场的运行，反而会尽力保护市场，使其避免激烈的、破坏性很大的波动。

●强大的福利国家。人们得到市场以外的公共服务，并得到某种不依赖于市场绩效与产权的收入。与完全由市场决定的生活机会相比，福利国家提高了人们生活来源的多样性。

●新社团主义式的劳资关系。在某些情况下，这种劳资关系正在力图实现工人集会自由与劳动市场有效运行之间的平衡。

那么这种社会民主思想有什么缺陷呢？

·新自由主义的新机会·

凯恩斯主义有一个致命的弱点，那就是其政策主张与生俱来的通货膨胀压力。在实行凯恩斯主义但没有强大的劳资组织的国家——20世纪70年代前主要是英国和美国，此后还包括法国和意大利——的经济极易受到通货膨胀的冲击。在这些国家，各种工人组织都试图通过加薪来抵消通货膨胀带来的收入损失。因为强大的工会组织能够预见工资上涨带来的可怕后果，所以它们会竭力协调工人的工资要求，避免因工人工资上涨带来物价上涨。在一个完全自由的市场，价格提高必然导致需求下降和该行业的工人失业。从原则上来说，实行凯恩斯主义的国家在察觉通货膨胀的可能性时，可以通过减少政府支出和（或）提高税收来消除通胀压力。但这样做意味着公共服务支出减少，暂时性失业增加（其目的在于避免通胀进一步的发展，因为通胀越严重，通胀崩溃后带来的萧条就越严重）。由于失业和削减公共支出带来的政治影响很大，所以政府消灭通胀于萌芽状态的行动通常"着手太晚，且力度太小"。

20世纪70年代出现了几次商品价格上涨的浪潮，特别是1973年和1978年的石油价格上涨，这凸显了凯恩斯需求管理理论的致命缺陷。

通货膨胀席卷西方发达国家，尽管这次通胀远没有20年代德国所经历的通胀那么严重，也不像后来拉美与非洲不同地区的通货膨胀，但仍被视为无法容忍。经济学家们劝说决策者放弃凯恩斯主义，采取更加强硬的监管模式。于是，充分就业让位于经济的平稳运行，不再是经济政策的直接目标。政府与中央银行致力于稳定价格，在通货膨胀稍稍抬头时就给予严厉打击。当时占据主导地位的舆论观点是，市场与政府结伴而行的社会民主运动已经失败。事实上，政府干预市场会削弱市场的自动调节能力，也会减少消费者的选择，因此具有巨大的风险，但是政府会愿意为了经济的平稳运行而得罪选民吗？很显然答案是否定的。我们看到，新自由主义等待已久的机会终于到来了。

新自由主义对此的最初反应是要求政府减少宏观经济政策的调节范围，只关注物价水平。由于这种理论主张通过控制货币发行量来调节价格，所以被称为"货币主义"。尽管人们曾经对如果信用卡充斥世界，那么现实货币的供应量能否调节消费需求，以及货币供应是否能真实地测度消费者可用流动性充满争议，但这些争议就像"货币主义"一样，在今天早已被遗忘。由于我们需要考察新自由主义随后盛行的30年里信用制度的发展情况，所以我们必须回顾"货币主义"的有关思想及当时出现的争议。如第5章所述，尽管信用制度疯狂扩张，新自由主义还是在上述论战中取得了实际的胜利。

货币主义和其他的新自由主义思想以极其惊人的速度取代了凯恩斯主义和其他许多政府干预经济理论在经济领域中的主导地位。1974年，弗里德里希·冯·哈耶克（Friedrich von Hayek）和他的理论对手冈纳·缪尔达尔（Gunnar Myrdal）共同获得诺贝尔经济学奖，前者是《自由经济秩序》（*Ordoliberalismus*）德文原著者之一，后者是现代瑞典社会民主党的创立人之一。1976年，诺贝尔经济学奖授予货币主义的主要倡导者之一，芝加哥大学教授米尔顿·弗里德曼（Milton Friedman）。在弗里德曼的带领下，芝加哥大学成为世界上新自由主义思想的主要阵地。他利用诺贝尔奖带来的声誉，大肆宣传货币主义运动。在接下来的40多年时间里，共有64位诺贝尔经济学奖得主，其中有9位是来自芝加哥大学坚持新自由主义思想的学者。1973年，美国情报机构秘密支持奥古斯特·皮诺切特（Auguste Pinochet）在智利发动血腥政变，推翻民选总统——马克思主义政党领袖萨尔瓦多·阿连德（Salvador Allende）。军政府上台后，皮诺切特残酷地打击异己，起用"芝加哥小子"——一群在芝加哥大学学习过的智利经济学家——来贯彻他的新自由主义经济政策。他们在政治上对前政府的残余分子进行残酷镇压，在经济上打击一切反对力量，在智利开展了迄今为止最为彻底的新自由主义实验。货币政策领导者弗里德曼还曾奔赴智利访问，帮助那群"芝加哥小子"向智利军政府兜售他们的计划，引发了巨大的争议。

到 20 世纪 70 年代末期，曾向成员国大肆推荐凯恩斯需求管理理论的经济合作与发展组织（OECD）开始鼓吹自由市场理论。经合组织鼓励国有企业私有化、公共服务业模仿私有企业的运作方式，即所谓的新公共管理，吸纳私人资本参与公共基础设施建设，即公私合营。就在同一时期，世界银行在发展中国家的支援对象也从政府项目转为私人项目。

1976 年，英国的执政党工党面临着巨大的通货膨胀危机，正式放弃凯恩斯政策，并为获得国际货币基金组织（IMF）的贷款，接受后者的建议，宣布放弃充分就业作为一种直接政策目标。1979 年，英国的保守党领袖玛格丽特·撒切尔当选首相，放弃该党战后以来一直奉行的凯恩斯主义，即混合产权制度和慷慨的福利国家政策，转而主张货币主义、私有化、对富人减税及减少社会支出。次年，罗纳德·里根当选为美国总统，实行更加强硬的减税、减少管制、减少社会支出等政策。接下来，许多国家纷纷取消对经济生活的规制，特别是取消对金融业的规制。

我们曾见过许多前后矛盾的经济主张，其中一个特别自相矛盾的例子是美国在不同时期的反垄断政策。美国的《反垄断法》曾鼓舞了德国和其他欧洲国家无数信仰社会市场的学者，但在芝加哥解除规制经济学（Chicago deregulation economics）的影响下，美国法律不再认为自由竞争可以维持市场上的大量厂商，即不再认为自由竞争可以维持一个接近完美的市场，使消费者具有广泛的选择。相反，法官与经济学家开始用中小企业被破坏的程度和大型企业在市场上的主导地位来测度竞争的结果。他们一改过去对消费者选择的关注，开始像个大家长一样重视"消费者福利"。由于当时理论界正在就政府与市场的力量展开激烈的争议（时至今天，学者们对"政府与市场"的冲突仍然津津乐道），所以新自由主义这些深刻的变化大都没有引起注意。这些变化就是本书将要重点论述的新自由主义主张，但在此之前我们必须考察新自由主义的转变范围。

新自由主义的主要思想是，通过价格机制调节商品或服务的供求，无须政府或其他力量的干预，就能实现最优的结果——虽然这种情况下市场难免受到寡头垄断企业定价与营销策略的影响。拿20世纪70年代的经济滞胀来说，新自由主义认为政府本不该出手保护就业，因为工人的失业完全是由于工资要求太高而市场需求下降造成的。市场需求下降，工人失业就会加剧。在这种情况下，那些仍然在业的工人不可能涨工资，因为失业工人愿意以更低的工资水平回到劳动大军中去。劳动力市场就可以这样实现均衡。可惜的是，二战后需求管理政策的首要目标就是保护就业水平。在新自由主义看来，这个目标从长期来看只会弄巧成拙，因为它依赖于人为支持的、只会使通货膨胀不断加剧的市场需求。假如人们预期价格上涨，那么他们就会要求工资上涨，这样做必然加剧通货膨胀，最终导致严重的危机和失业。相反，假如政府不去干预经济生活，价格与工资就会自行调整，并从长期来看实现较高水平的就业。

新自由主义对劳动力市场的批评并未止于需求管理政策的宏观层面，而是扩大到政府或工会为保护工人做出的种种努力，如关于工作时间、工作条件及职业保险的标准。新自由主义认为这些标准并非产生于市场竞争，执行这些标准带来的成本将会推动价格上涨，减少市场需求和就业。因此新自由主义赞成打破劳动保护法，消除或减少社会保险给雇主带来的负担。新自由主义的这一主张在民主国家遇到相当大的麻烦，因为它所攻击的多项社会权利和保障都是深入人心的。直到1994年，经合组织才完全放弃对就业权利的保护[这反映在其《就业研究报告》(*Jobs Study*) 中]。欧盟则坚持所谓的欧洲社会模式，实现竞争经济与强大社会权利之间的平衡，直到21世纪初才采取更加充分的新自由主义政策。但就在同一时期，经合组织已经开始评估高度灵活的劳工市场带来的不利结果，并对劳工安全的部分要素开始采取比较积极的措施。

从上面的描述可以看出，新自由主义者对干预劳动力市场平稳运行的工会持明确的反对态度。在他们看来，工会的存在从短期来看只会造成效率低下，从长期来看只会造成失业。但在民主社会，新自由主义不能宣布工会是非法组织，因为这样做将会涉及动用政府力量，这与新自由主义的基本原理相矛盾。新自由主义对工会的主张在许多国家引起较大的冲突，但是，实行新自由主义政策的政府却可以让雇主随心所欲地选择是否设立工会。

新自由主义政策的第二个攻击目标是政府保护某些行业或企业免受市场竞争的各种行为和措施。在某些情况下（特别是在奥地利、法国、意大利和英国），政府对某些行业或企业的竞争保护通过国有化得以实现。这样的企业一方面利用市场，获得它们所需的资本品、原材料、劳动力和顾客，另一方面又依靠政府提供资金，所以它们受到完全的竞争保护。例如，如果它们支付给工人的工资超过市场水平，政府就会补贴它们的亏损。有时政府会让这样的企业保持投资不足的状态，因为作为唯一出资人的政府对盈利并不感兴趣，所以此时市场上会存在该种商品或服务的短缺。大多数通过这种方式实现国有化的行业早已掌握在政府手中，因此它们的经营活动基本不会受到正常市场竞争的影响。这些行业通常属于，或者说从成立之初就一直属于"自然垄断行业"——例如，电力行业、自来水或煤气供应业、广播电视业、铁路业等。

新自由主义主张将这些企业或行业的资产出售给私人投资者，并尝试采用各种手段在这些行业中引入竞争。在有些行业（如电信业），技术进步使得新自由主义的主张得以实现，而在有些行业（如铁路业），可采取分解业务，然后出售给竞争企业的模式——这种例子非常少，因为只有在特定线路可以展开竞争的情况下才能进行业务分解。在别的行业，如自来水供应业，新自由主义政府主张采取私人垄断，没有竞争，也没有市场规则。在这种情况下，政府会对私人垄断实行一定的规制。

如果政府并未拥有企业的产权，而是对私人企业提供不同形式的补贴和支持，则新自由主义的主张就是废除各种补贴与支持，建立公平的竞争环境，实现公平竞争。政府补贴私人企业的动机往往是培养特定企业在世界市场上的竞争能力，因此这种政策主要反映在政府签订的各种国际贸易协定中。在这种情况下，即便是最忠实的新自由主义政府，例如美国政府，有时也会将国家优势凌驾于自由贸易政策之上。新自由主义在这方面的主要成就是1995年建立的世界贸易组织（WTO），因为该组织可以促进各种贸易协定的顺利实施。

新自由主义政策所攻击的最后一个目标是许多国家长期以来形成的公共服务。公共服务与上面讨论的公共组织提供的产品和服务之间不存在明确的界限。例如，在德国和荷兰，邮政服务完全私有化和市场化，但医疗服务却是政府的工作重点。在美国，情况则完全相反。总的来说，"公共服务"（顾名思义）限于服务的提供而不是有形产品的生产。上面讨论的许多行业在进行新自由主义改革之前都属国有，但它们成立之初却属私人所有。公共服务和公共组织提供的服务之间的区别并不是绝对的。从目前来看，"公共服务"趋向于包括那些对生活机会至关重要的行业（如医疗、教育等），以及那些由集体消费而不是个人消费构成的行业（如国防和公共医疗等）。在此值得一提的是，尽管这些行业一直是新自由主义主张私有化的目标，但却被证明是新自由主义难以攻破的坚冰。直到20世纪末期，在这些行业引入私人产权和（或）市场力量的种种措施才得以发展。

新自由主义的主张无疑是适合这些行业的。假如医疗、教育、安全等服务由市场上追求利润最大化的厂商来提供（私人供应商为垄断厂商的除外，但现实生活中常常是这样），则这些服务的使用者就可以通过购买行为来表示他们的偏好。但如果这些服务由政府提供，消费者就可能（虽然并不必然如此）没有选择的余地，甚至被迫消费。尤其是，追求利润最大化的厂商具有最大化配送效率和最小化配送成本的动机，政府管理人员却没有。因此，新自由主义主张完全的私有化和市场化，让企业为消费者提供服务。由于公共服务与大众的生活息息相关，难以实行完全的私有化，所以政府往往采取折中办法——把部分公共服务外包给私人企业，再向这些企业购买服务。另一种折中形式是公私合伙制

(PPP，Public-Private Partnership)——政府继续通过自己的雇员提供服务，但并不拥有基础设施，即设备和场所等。私人企业把基础设施出租给公共服务提供者，即政府，每年收取一定的租金。还有一种与公私合伙制相结合的形式是政府继续通过自己的雇员提供服务，但运营过程需像营利的私人企业一样。这些都是新公共管理理论的主要主张，核心是把服务的使用者视作市场上的顾客。

上述一系列政策就这样构成了"新自由主义"的一般方法。这些政策在现实生活中很少以纯粹的形式出现。主要的例外是智利，因为智利在实施新自由主义改革时明显不属于民主国家。新加坡也常常被认为是接近新自由主义的理想模式，但新加坡也不属于民主社会，因为在新加坡，尽管公共福利实行私有化，劳工法律也比较宽松，但政府对整个社会的道德方向却有着强大影响。在具有不同价值观和利益的民主国家，各种强大的理论力量通常必须相互妥协。例如，北欧国家的政府尽管已经接受新自由主义的主要主张，特别是私有化，但它们仍继续实行广泛的福利国家政策，也仍然有强大的工会。使人惊奇的是，这两种潜在对立的力量实现了和平共存，而且竟然非常成功——这些国家仍然能够保持强劲的经济增长和经济创新，同时不断提高居民的"幸福指数"。

鉴于本书最终将对新自由主义年代做出总的来说负面的评价，那么在本章初步论述新自由主义的思想渊源后，不妨先总结一下新自由主义的积极特征，这也是许多在政治上具有不同价值取向的人士所一致认可的。对于那些批评新自由主义一般方法的批评家们而言，这就叫"试图倒掉新自由主义澡盆里的脏水时，别把孩子也一起倒掉了。"

新自由主义的积极意义如下：

首先，新自由主义为政府主导的社会提供了一定的突破口，使那些已经习惯逆来顺受的普通人有了更多选择。这对目前我们所处的时代尤为重要。因为总的来说，政党和议会已逐渐被人消极地看作追逐政治利益的工具，而不再是代表大众利益的圣坛。

其次，新自由主义解决了大型复杂社会特有的政府行为集权化或孤立化的问题。对此需要说明的是，新自由主义并不总是把自己和地方敏感性联系在一起。它确实关心美国地方政府的施政问题，那是因为美国的历史和传统导致美国的联邦政府一般采取左倾立场，而州政府采取右倾立场，但美国也同时见证着大型企业对小型企业的胜利。英国的情况正好相反。英国自1979年实行新自由主义改革以来，历届政府和理论家们都把地方政府和地方力量视作市场化过程中非市场干预力量的来源。因此，英国的新自由主义者是中心主义者，这其中有深厚的、复杂的历史渊源。欧洲资本主义经济最初崛起的时候，封建势力仍然集中在集权君主的手里。按照自由主义和新自由主义的首要原则，要将政治和经济独立开来，则必须把曾经渗透于社会生活方方面面的政治权力集中起来，放在一个不会妨碍市场自由运行的领域。即便是君主，也不能干预经济生活。因此，我们不能把中央与地方之间的问题自动理解成政府与市场之间的问题。

最后，我们必须回到新自由主义模式的灵活性上来。新自由主义显示出与其他思想体系和政治哲学强大的兼容性，这在北欧国家特别明显，在英国也具有一定的表现，总的来说在欧盟政策中也有体现。居于主导地位的思想能表现出这样的兼容性至关重要，因为这样可以更好地保证多元社会所代表的多元化利益得到承认。人类活动一贯具有不确定性，没有一种思想可以提供所有问题的全部答案。即便某种思想在今天是正确的，它也可能不适合明天的意外挑战。有些强大的教条自认为自己具有无所不包的智慧，可以摧毁一切反对力量，最后却发现面临难以克服的挑战。苏联的共产主义就是这样。新自由主义的思想家也曾表现出强大的自我倾向，但民主国家的生活现实迫使他们做出妥协。新自由主义和自由主义悠久的历史传统之间有着深厚的渊源，意味着新自由主义可以很好地适应现实的挑战，这对新自由主义未来可能的改变非常重要。

为了更深入地讨论新自由主义，我们必须考察有关市场本质及市场缺陷的基本问题。在下一章，我们将进行更加抽象的分析，并使用一些多数读者可能不太熟悉，但对充分理解我们的议题至关重要的术语。

第 2 章
市场与市场缺陷

　　新自由主义的核心观点是：市场是有效的，因为厂商对顾客需求非常敏感，而公共部门却低能又自大。从市场与公共部门之间的效率对比可以看出，新自由主义认为私人部门具有同质性，效率都很高。这种观点有点奇怪，因为私人部门的主要特征是多样性，既包括接近顾客与当地社会的中小企业，也包括高效的跨国企业，还包括2008—2009年金融危机中几近瘫痪，靠政府介入施以援手才得以幸存下来的金融机构。私人部门还包括利用第三世界国家的血汗工厂和童工敛财的企业、各种劣等品的制造商、提供各种不卫生不健康食品的咖啡店与餐馆、从未按时竣工的本地建筑商、因庞大和强势以至于对顾客的服务要求置若罔闻的电信企业、坚决维护垄断地位的电脑软件商与卫星电视服务提供商、对大气和水资源造成巨大污染的采矿企业、披着合法商业活动外衣实际干着犯罪勾当的企业，以及把药品上的些微进步标榜为重大医学突破的医药企业。对上述各类私人企业，我们很难对它们的质量、效率以及对顾客需求的敏感程度做出普遍的结论。

　　新自由主义认为，解决这些难题的答案在于消费者对商品与服务的自由选择权。假如有一家生产劣质商品的企业能够生存下去，意味着市场上存在对劣质商品有需求的消费者。如果政府介入，要求企业遵守最低质量标准，则剥夺了这些消费者的选择权。如果利用童工的厂商具有良好的发展势头，那是因为消费者喜爱儿童生产的低价商品。如果消费者不喜欢童工，他们可以通过拒绝购买童工生产的商品进行抵制。换句话说，新自由主义总能找到证据，反驳对市场缺陷的任何批评。因此，私人部门与公共部门之间的效率对比根本是不对称的。不管私人部门出售何种商品与服务，总能找到其存在的理由。公共部门则不然，至少在民主国家，公共部门总是备受争议。如果公共服务质量低下，就会招致猛烈抨击，像私人部门为劣等品的辩护理由"好吧，不管怎么说它总能卖得出去"之类的说法在公共部门根本行不通。认为解决公共服务质量难题的出路在于把公共服务交给私人部门提供——这是世界各国的普遍做法——是不符合逻辑的。这种做法既不能保证质量，也不能维护道义——等于是把公共服务转移到一个任何质量均可接受，且与道德标准毫不相关的领域。

市场上发生的一切行为，最终都会证明其存在的合理性，所以看待市场不能使用道德标准。市场的非道德性不一定是个问题，因为人们在生活中很艰难，也无必要处处按道德原则行事。但是，当新自由主义思想居于主导地位，市场原则被确立为所有机构首要的评判标准，非道德性就会蔓延至整个社会生活。每次出现问题的时候，权威人士都主张运用市场来解决，结果就使问题离道德的评判标准越来越远。他们认为，通过市场能够赚钱，增加社会财富，还有什么理由要反对呢？看起来这是一个比较具体的目标问题，但我们却必须对是否接受市场标准做出抉择。新自由主义思想在政府和其他机构中的渗透程度越深，我们就越不能（或尽量避免）做出这种抉择。我们必须为自己的人生保留一点重要空间，让我们可以做出某些原则性的评判。这意味着运用批判和挑剔的眼光看待市场，而不是把市场视作解决大多数问题的灵丹妙药。

如果市场变成我们行动的唯一指南，则存在一个更深层次的问题。那就是，我们是否只能追求既存于市场中的物品，哪怕这些物品凝聚了太多的不道德因素？我们能为市场上不存在的，以其他方式提供的事物高唱赞歌吗？如果大众媒体受到少数大型企业的操控，只提供有限的选择，我们是否应该呼吁更多的选择？假如我们只能通过市场做出选择，那就无法提出我们多样性的政治主张。市场优先的观念很难在原则上得到支持，但如果有人提出政府干预总是劣于市场上的企业行为，市场的任何缺陷总是好过任何矫正措施，情况就不一样了。

在下一章，我们将论述一种与上述观点比较接近的，形式强大的新自由主义。虽然从原则上来说，市场由消费者控制，但市场提供哪些产品，消费者说了不算，只有企业才能做出这样的决定。消费者的作用是被动的，仅限于通过购买选择来显示自己对新产品的认可程度。例如，消费者不能自发生成对 iPad 产品的需求，但企业可以在制造 iPad 后，通过高超的营销手段让消费者相信这是一种有吸引力的产品，从而产生对这种产品的需求。消费者非常重视 iPad 提供的强大功能，iPad 也是市场改进生活质量的一个极好例子，但它很难发生在实行国家社会主义的经济体中，因为这种经济体中的企业缺乏为消费者创新产品的激励。而且，就算是在 iPad 产品的创新过程中，消费者的作用也是被动的。

如果在一个社会，不能成为企业家的普通人可以通过许多非市场的手段创造或获得他满意的产品，那也是可以接受的。但如果市场占据了社会生活越来越多的领域，普通人的选择空间就会越来越窄。由于企业是市场上唯一积极的参与者，所以如果社会对市场越是依赖，则我们对人类创造的源泉——企业——的依赖也越是会加深。

除此之外，还有一种支持市场作为唯一选择标准的观点。这种观点认为，如果市场是完美的，我们就不会遇到上述问题；如果市场不完美，政府干预也是可以考虑的。但是，政府干预仅限于对市场的改善，而不是颁布各种规定。如果某个目标不能通过市场改进来实现，则这个目标必须放弃。拿大众媒体的例子来说，这样做意味着开放市场，让大量新的私人传媒企业加入竞争，而不是建立国有传媒企业。

社会民主党派的代表性观点超越上述主张，认为有一些目标是市场所不能及的领域，只能依赖于政府通过其他手段才能实现。我们还记得上一章德国民主党派的口号："市场是可能的，就像政府是必要的一样"。21 世纪初，主张"第三条道路"的社会民主人士也说过同样的话。他们根据最新的经济理论和新自由主义思想，寻找利用政府干预改进市场运行，而不是替代市场的种种可能性。这种主张的一个重要例子是英国财政部下发的一份名为《英国微观经济改革：为所有公民提供机会》(*Microeconomic Reform in Britain：Delivering Opportunities for All*) 的文件。该文件于 2004 年以时任英国财政大臣后任英国首相的戈登·布朗的名义发布。

这份文件关注"市场失灵"的问题，并提出了解决"市场失灵"的两种方式：一是通过政府行为使市场更加完美，二是政府直接提供市场不能提供的物品。正如约翰·凯（John Kay）2007年在针对该文件的评论文章"对市场失灵的失灵"（The Failure of Market Failure）中敏锐地指出的那样，上述两种市场失灵都是站在经济理论的视角，因此对社会问题的看法不能超越个人偏好的束缚。人们常常要求政府解决不同目标之间的冲突，或关注集体生活状况而非个人的理想与抱负。经济理论认为人类行动的唯一动机是物质激励。因此，《英国微观经济改革》对公共部门效率低下问题的解决方案是确定目标，然后施加更好的管理控制，当然，这个方案没有考察公职人员职业奉献和职业道德的因素。

看起来我们好像无法反对利用市场实现人类目标，或使市场更加完美，更好地满足消费者需求的主张。但是，为更有效地利用市场，我们确实需要理解市场的特性与缺陷，并进一步发展市场失灵的思想。为矫正市场失灵，是强化市场还是另辟蹊径，与其说这是一个原则性很强的问题，倒不如说是一个实践性很强的问题。

·市场特性与市场缺陷·

完美的市场需要满足哪些条件？当我们考察完美市场的标准时，我们必须根据市场状况识别各种市场失灵，而不是肤浅地提出反对市场的理由。有些批评家会认为我做出的让步过于巨大，因为我把市场作为出发点。的确，人类的大部分生活是在市场之外度过的，与市场没有任何关系，比如多种利他行为。阿尔伯特·赫希曼（Albert Hirschman）与唐纳德·格林（Donald Green）和伊安·沙皮罗（Ian Shapiro）在各自的著作中［赫希曼的著作名为《欲望与利益》（The Passion and the Interests），后两者合著的著作名为《理性选择理论的病变》（Pathologies of Rational Choice Theory）］写过，人类天生受积极而精明的自利行为所驱动这个假定很容易受到挑战。我承认这种批评很有道理，但即便把市场作为出发点，我们依然能够找出主导社会生活的新自由主义思想的诸多缺陷。这些缺陷足以让新自由主义思想自乱阵脚，减小这场争议必须涉及的范围以及深度。表2.1描述了本书所持观点的两大依据。该表的左列列举了完美市场的基本要求，右列列举了与此相伴随的缺陷或弱点。在一个完美市场，有众多的厂商和顾客，所有商品和服务均按一套由单一货币（或一组可兑换货币）确定的价格进行交易。没有任何厂商（集团）或消费者（集团）能够通过自己的行为影响价格。换句话说，市场上的所有参与者都是价格接受者，而不是价格制定者。只有这样，大量消费者的偏好才能与大量厂商的生产计划相匹配。市场特性确定了这类市场的条件。在市场条件得到满足时，市场均衡就会出现，此时市场会排斥一切外部干扰（即来自市场体系外部的干扰）。如果均衡价格或均衡数量有所改变，则意味着市场效率一定受到损害。

表 2.1　　　　　　完美市场的必要条件与相关缺陷

必要条件	相关缺陷
1. 一切物品皆可被定价、比较、交易	1. 市场不能解决外部性 2. 公共物品和准公共物品 3. 存在"无法标价的商品" 4. 交易成本
2. 进入市场无障碍，存在无数厂商和消费者	5. 许多行业存在大量的、难以消除的进入壁垒 6. 持续的进入壁垒带来财富与权力的不平等
3. 持续存在大量的交易愿望	7. 丧失信心会阻止潜在的厂商和消费者进入市场
4. 市场参与者信息完全对称	8. 现实中存在重大信息障碍，信息获取渠道不对称
5. 经济和政治分离	9. 由于本列第5、6条产生的不平等出现强大的利益集团，影响政治决策过程

完美市场的第一个条件是（条件1），人类渴望的一切目标（物质的和非物质的）都可以在市场上被贴上价格标签。如果某些物品不能满足这个条件，则只能标价为零。在这种情况下，没有厂商愿意进入该行业。如果一定要免费提供这类物品，生产效率就会降低，因为我们无从知道生产这些物品的资源是否能在别的地方得到更加有效的利用。例如，假设有一位计算机科学家偏爱在自己的后花园种植水果，而不是向

专业的水果商购买。她的花园远远达不到水果有效生产所需的规模。假如这块土地为一位专业的水果商拥有,他必然因高成本而收取高价格,结果是被驱逐出市场。此外,当这位计算机科学家种植水果时,她正在花费高成本的劳动时间。假如她把这些时间花在计算机创新而不是园艺工作上,一定会取得更加丰硕的成果。假如她先对自己的劳动时间和其他生产成本定价,然后给自己生产的水果贴上价格标签,就会发现所做的水果种植工作实在是很低效。意识到这一点,她就会去水果店买水果,将花园卖给专业的水果商,而花更多的时间从事计算机研究。这对整个经济和所有人来说都是一种效率改进。

价格必须把待交易的一切商品和服务连接起来。虽然我们常常使用"市场"的复数形式,但实际上只有一个市场。我们可以在单一的市场内确定对一系列商品的相对偏好程度。其方法是对所有商品使用同种货币确定价格。当然,对自由市场来说,也可使用许多可自由兑换的货币来确定商品的货币价格。例如,一架飞机值多少个苹果这种问题看起来好像没什么意义,但如果把两种商品都贴上货币价格,我们就能比较准确地计算两种商品之间的交换比例。

完美市场存在的第二个基本条件是(条件2),市场中存在无数厂商和消费者,并能自由地进入或退出市场。只有满足这个条件,我们才能进行必要的数学计算,以表明根据厂商成本和消费者偏好产生的价格是最有效率的。在完美市场,如果某种商品的产量下降,价格就会上涨,因为消费者愿意支付更高的价格获得变得稀缺的商品。如果市场是完美的,则这样的价格上涨就会向别的厂商发出"此处有利可图"的信号,诱使它们进入市场,增加产品供给,使价格降下来。如果市场上只有一家企业(垄断厂商),这家企业就能通过减少供给来提高价格(增加利润),不用担心其他企业进入市场。这时市场不能实现均衡。如果市场上只有少数几家企业——专业上称为寡头垄断——则与完全垄断的情形差不多,因为寡头垄断企业之间很容易互通信号。只要它们不用害怕有新企业会进入市场,它们就能很好地控制市场。

要想消除市场上的完全垄断或寡头垄断,就必须保证价格上涨时新企业能自由进入市场。这种情况下,市场必须存在较低的进入壁垒。同时，退出壁垒也必须很低：因为当有企业低效运行时，它必须能够退出市场，它目前使用的土地、资本和劳动力等资源被重新分配到其他更加有效的地方。从另一个方面来看，如果消费者不喜欢目前市场上出售的产品，他们必须能够通过拒绝购买来表示他们的不满，对企业施加压力，迫使它们要么降低价格，要么提供新的商品。在最近一次金融危机中，有关银行"太大而不能倒闭"的争议就是关于退出壁垒的争议。如果一家经营不善的企业因为"太大而不能倒闭"，说明该行业存在较高的退出壁垒，使企业不能自由退出。在这种情况下，市场便失去了优胜劣汰的功能。

　　通过供求的相互作用形成价格，这需要市场满足大量的条件。上述条件仅是其中的部分条件，其他条件包括进入市场的企业必须具有持续的交易意愿（条件3）。例如，如果无人愿意购买偏僻的农舍，房地产经纪人就会说这种农舍"没有市场"，意味着该种农舍的价格很难确定。（更一般的情况是，交易量小。所以严格地说，并不是没有市场，而是市场较小，使房地产经纪人难以对可能形成的价格做出比较准确的判断。）这会阻止房地产所有者将房地产标价出售。因为没有买卖双方，也就没有市场。

　　市场效率依赖于买卖双方对交易商品或服务的种类以及价格的信息了解程度（条件4）。事实上，经济理论认为，信息是"完全的"。也就是说，市场参与者拥有有效配置资源所需的全部信息。我们可以使用一个简单的例子来说明这个条件的重要性。假设我想买一辆新车，但不想费神去了解什么型号的车适合我的需求，也不想了解特定车型的价格范围。我就想去最近的汽车经销店，购买我看到的第一辆车。这样做的结果是，我很有可能花太多的钱买了一辆并不能满足我需求的车。因为我没有很好地利用市场，所以我的交易很失败。我本可以通过询问更多的经销商改进我的交易效率。我询问的经销商越多，我的交易效率就会越高。直到某一个临界点，此时获得更多的信息对我来说成本将高于收益。我们必须假定理性人不想做出低效的选择，因此愿意获得市场上他们所需的全部信息。如果有人说，"我想多花一点钱买辆汽车，或我不想买一辆满足我需求的汽车"，我们就会怀疑这个人缺乏理性。

完美市场的最后一个条件超越了市场范围，延伸到更广阔的领域，这就是经济与政治分离（条件5）。经济发展的历史和理论均证明，完美市场的一个主要威胁来自政府，因为政府有力量干预市场，会破坏市场上供给、需求以及价格之间比较脆弱的平衡，其干预方式有两种：

一种是，政府可以利用手中的权力扭曲价格或资源分配，以实现其他的政策目标，或利用资源为政府官员及其家庭或亲友谋取私利；也可能干预市场，让医疗或教育得到更多投资，让酒类产品的发展受到抑制。我们可能对这两个干预例子采取截然不同的态度，但从新自由主义的观点来看，这都会造成市场效率的扭曲。

另外，身处企业界的个人或企业可以利用市场活动积累的财富来影响政治决策。他们可以利用这种政治影响力从政府手中拿到合同或其他优惠，这种做法同样会造成市场扭曲。因此，政府与企业之间泾渭分明，互不干预，这是完美市场良好运行至关重要的条件。

考察完美市场存在的必要条件后，接下来我们必须考察表2.1右列列举的伴随每一种市场特性与生俱来的市场失灵。

· 市场失灵 ·

一、一切皆有价格

给市场上的一切物品和服务贴上价格标签面临四个难题：市场外部性、公共物品和准公共物品、无法标价的商品与交易成本。经济学家们在研究市场时并没有忽略这些问题，但由于他们使用的术语看起来好像离这些词的日常用法非常遥远，所以造成这些问题被忽略的错觉。事实上，识别和界定这些问题的人主要是经济学家。为避免混淆，我们最好先阐述一下这些术语的含义。

1. 外部性。 外部性指一项经济活动产生的，但没有计入该项活动的收益（或成本）的因素。本书将在几处不同地方用到外部性的概念，因此掌握外部性的含义非常重要。前述低效的业余水果种植商可能是正外部性（生产一种不能在市场上进行交易的商品）的一个很好例子。可以说，那位计算机科学家从水果种植中获得了莫大的快乐，付出再大的成本也愿意。这种快乐就是她进行水果种植的正外部性。出于这个原因，她反对"放弃果园，多花时间在计算机研究上，从而改善自身物质生活境况"的主张。有些正外部性为企业提供了市场优势。我们可以考察两个风马牛不相及但能体现相同思想的例子。第一个例子假定有两位养蜂人，一位住在大片的野花附近，另一位住在农场附近，虽然前者并没有对野花的生长做出任何贡献，但他的蜂蜜产量会比后者高。第二个例子是，因为美国军事力量的作用、美元在世界范围内的流通以及美式英语的盛行，美国企业在国际市场上比其他国家的企业更有优势。后一种外部性常被称为"网络外部性"，它指厂商因优先或无成本接近产品分销网络而获得的特定产品的市场优势。一个极其明显的例子是与通信网络服务商具有密切关系的电话供应商。我们即将看到，在高技术经济中，网络外部性是市场缺陷的一大根源。因此，这个词虽然听起来有点奇怪，但适用范围却很广。

相比正外部性，我们对负外部性更加熟悉。环境破坏是迄今为止负外部性最显著，也是最重要的例子。污染给许多人带来了成本，但这种成本却不一定纳入造成污染的企业的成本范围。事实上，正因为企业不必负担给别人造成的污染成本，它才可以实现更加有效的运行。例如，化工厂的污水流进河流，导致河里的鱼类死亡，下游的渔民失去养家糊口的生计。因此污染是一种负外部性。企业本来可以控制污染，但那样做会花很多钱，而且企业并不会从下游渔民的卖鱼行为中获得任何好处，那它干吗要掏钱去控制污染呢？

仅仅说明负外部性的危害还不够。在上面的例子中，假如控制污染的成本超过卖鱼带来的价值，是否还要继续禁止这家企业污染河流呢？或者说，如果渔民是污染控制的主要受益人群，他们是否应该为企业的控污行为埋单呢？这是外部性提出的有趣问题，我们需要在后面的章节中进行回答。我们很难预测一项高度创新的工艺可能导致的负外部性，这也是个问题。因为其创新性太强，所以我们不能了解全部可能的后果。如果我们去创造新的事物，我们就必须承担风险，包括与外部性有关的风险。

2. 公共物品和准公共物品。这两种产品各有不同，但又可以放在一起考察。顾名思义，"公共物品"就是不能通过价格体系生产或获得的产品。这种产品具有两大特征：不可分性和非排他性。前者指公共物品不能拆分为细小的单位，以便买卖和消费。后者指一个人对公共物品的使用丝毫不影响另一个人同一时间对该公共物品的使用。新鲜空气是一个很好的例子。空气弥漫于我们周围，不能装在罐子里出售给我们，你可以呼吸它，同时我也在呼吸它。有形公共物品的数量很少，因为使用的人太多会造成资源紧张问题——即便新鲜空气也是如此。对具有抽象特性的公共物品来说，我们可以举出更多的例子，例如幸福。我们不能将幸福装成小包进行出售，因为它不可分。同时，至少从原则上来说，一个人的幸福并不依赖于别人的不幸福，也就是说，幸福具有非排他性。但幸福没有市场，因为它没有价格，因此市场不会给任何人提供"生产幸福"的激励——虽然这并不妨碍企业在广告中宣称，使用它们的产品会使我们更加幸福。

准公共物品是不完全的公共物品。准公共物品是经济学家们创造出来的一个听起来有点奇怪的词，但其包含的思想却是人们比较熟悉的。它具有两个特性：可分性和非排他性。前一个特性使其具有潜在的排他性，可以贴上价格标签参与市场交易；后一个特性与公共物品的特性相同。医疗是准公共物品的重要例子。我的健康状况是我个人独有的特征，因此医疗是可分的，虽有非排他性，却很容易形成医疗市场。但是，如果能够提供高水平的公共医疗，则所有人都能获得不可分的好处，特别是大大降低了人们感染流行病的可能。如果让人们自行通过市场解决个人医疗问题，医疗市场会出现供给不足。理性的人们有动机解决个人医疗问题，但却不能改善整个公共医疗水平。

教育是准公共物品的另一个例子。获得教育的人有许多优势——包括竞争优势，例如求职时打败其他竞争者——但拥有大量受教育程度良好的人群也会产生普遍收益，例如可以使整个社会参与高水平的经济活动。因此在经济发达的社会，政府会强制所有人口接受一定水平的教育，而不是交由个人或父母选择。如果我们把教育视为获得知识、文化和科学进步的重要途径，则教育具有非排他性。教育的两面性使教育政治学极为困难。政治家必须为全社会提供受教育机会，但个人和父母的目标却是使自己或自己的孩子拥有教育方面的优势。

3. 无法标价的商品。 经济学家们比较轻松地解决了外部性、公共物品和准公共物品等问题，但对有些物品难以标价的现象就没那么容易应对了。假如有人需要器官移植，并愿意花大价钱支付给出售器官的人，是否应该允许他们之间进行交易呢？类似地，如果一名年轻女子拒绝通过出卖色相来谋生，是否应该给她提供失业救济金呢？山地救援组织是否应该先评估深陷困境的登山队员的生命价值，然后再决定是否调用昂贵的资源展开营救活动呢？经济学家们可以指出上述所有例子中市场缺失带来的机会成本——选择一条路径而不是另一条路径所失去的东西。例如，山地救援组织为营救某一位受困者，可能需要放弃营救别人，这样的选择就存在机会成本。经济学家们可以告诉我们怎样做才能实现效率最大化，但却无法解决道德优先于市场的要求。由于低效意味着资源浪费，我们有很好的理由接受经济学家们的建议和主张。但是，关于道德优先于市场的主张并不将放弃的机会视为一种损失，而是视为一种超越经济领域的精神追求。

4. 交易成本。 最后一点内容不多，且将我们重新带回经济领域。给商品或服务设置价格意味着我们需要一种定价和收费机制，这说明市场交易本身存在成本。经营商店的成本包括：为商品定价、从顾客处收费、记载交易过程、检查工作人员是否诚实、把收入安全地存入银行以及雇用会计核算整个流程的全部成本。很显然，即便商店免费提供商品，上述成本依然存在。经济活动中确实存在比较突出的收费并不划算的行为。一个主要的例子是公路收费站的设立，因为安装收费站需要的设备价格高昂。当然，如果某种商品或服务的供给是免费的，则必须通过其他方式解决成本问题。此外还需解决该种商品或服务的供应量和质量问题。

为在市场上做出合理选择，需要足够多的信息，此时就涉及高昂的交易成本。这与完美市场的信息完全条件有所重叠，因此留待下面第 8 点讨论。

二、进入和退出壁垒

5. 壁垒的持续存在。完美市场需要较低的进入和退出壁垒,但这个要求对市场上的许多行业来说难以实现。本节讨论的重点放在进入壁垒上,虽然我们从银行危机的例子中看出退出壁垒也同样重要。许多市场无法为多个厂商提供生存空间,例如在大型客机制造业,全球市场只够两家企业生存,即波音与空客。在计算机软件系统市场,微软公司完全占据主导地位。在世界上的任何地方,拥有两家(或以上)自来水供应企业看起来好像在技术上不可行。只要存在垄断或数量极少的厂商,就会出现严重的技术壁垒或组织壁垒,阻止新竞争者进入市场。在这种情况下,产品的价格与质量不能按照经济学理论中的数学模型来确定。

虽然说在某些情况下,技术进步可以降低进入壁垒——例如无线电波段的增加使无线领域与远程通信领域出现真正的市场——但在其他情况下,现代的高技术经济与古典的工业经济相比,更难以实现完美市场。我们可以回顾上述网络外部性的例子。只要网络所有者能够不断积累竞争优势,该行业就对潜在竞争者树立了进入壁垒。许多网络都具有下列特征:用户越多,其用处越大。这就使得在特定领域建立网络的第一家企业拥有了巨大的优势。即便其他企业能够开发出质量更好的产品,也很难卖得出去,因为第一家企业已经建立起远远超越后来竞争者的销售网络。教科书常用的案例是视频记录系统 Betamax 和 VHS 的竞争故事。两家日本企业,索尼和 JVC,分别在 1975 年和 1977 年开发了视频记录和播放系统。在接下来的几年时间里,JVC 的 VHS 系统把索尼的 Betamax 系统赶出市场。虽然人们对 JVC 打败索尼的原因存在很大争议,但一致认为有一个重要原因是 JVC 拥有数家仅出售 VHS 产品的音像视频设备经销商。进入壁垒使索尼被排斥在参与市场竞争必需的网络之外。今天,这种壁垒已经不重要了,因为 VCD 已经被 DVD 取代。这符合经济学家们的一贯主张:在开放市场,企业家的创新活动,即产品创新活动通常能够降低进入壁垒。但同时,技术创新也在不断创造新的壁垒。因特网是最为突出的例子。因特网为企业提供了许多形成先动优势（first-mover advantage）的机会，使人们经常使用的搜索引擎及类似产品获得垄断地位，为潜在竞争者树起了坚固的进入壁垒。

这些壁垒日渐引起人们的关注，一个主要原因在于快速技术变化对产品标准的影响。如果需要为一种变化缓慢的产品确定标准，我们可以采用长期使用情况作为依据，经过广泛的研究讨论，再由国家或国际组织颁布实施。度量衡、电源插头和插座、字母表等的设计都是这方面很好的例子。这种标准属于公共物品。单个企业不能拥有这些标准或排斥其他企业使用这些标准设计产品。但是，由于技术日新月异，我们现在制定的标准未来很快就会变得过时，所以没有足够的时间通过广泛的意见征集或正式的公共程序来建立新的标准。如果市场上有大量的企业提供不同的标准，各种标准之间又强烈需要兼容，那么不可能出现多个标准长期共存的局面，最终只会有一种标准因其优越性受到青睐。这是市场而不是公共组织对标准的确定。但是，在许多情况下，从众多标准中"脱颖而出的标准"只是主导厂商滥用市场势力的结果。主导厂商利用先动优势，或通过建立网络外部性，就可以强势地将自己的做法推广为行业标准。由此可见，市场确定的标准大多不是市场竞争的结果。例如，没有人能够改变我们正在使用的字母表，但一家在市场上占据主导地位的计算机软件企业却可以阻止我们使用字母表，其办法就是利用计算机软件干扰我们在计算机上打出的字母，使其发出别人看不懂的电子信息。因为这家企业拥有并控制着电子信号标准，所以只要它改变有关标准，就能成功实现其阻止我们使用字母表的目的。只有巨型企业才具有实施自身标准的市场地位，目的是阻止竞争者进入市场，提供消费者愿意购买的产品。

专利的使用同样能够创造进入壁垒，但这是一个两难的问题。不提供专利保护，企业就没有为研发和创新投资的动力。通过设置数年的专利保护期，公共政策力图实现市场竞争的重要性与创新保护的必要性二者之间的平衡。但是，知识产权法庭遇到了新的挑战，即面对一项专利申请，如何鉴定它的创新性，因为一项发明可能是真正的创新，但也可能是对已存在的自然材料的新发现。生物科学家们在遗传密码解析方面的研究发明是专利创造壁垒的很好例子。如果转基因生物（GMO）行业的企业能够成功地识别自然生长作物的基因，则它们就可以申请专利，使它们在未来能够生产转基因作物。这种做法破坏了第三世界国家的农民延续从上一年收获的作物中留存一部分作为来年种子的传统做法。农民们会发现，他们想要的种子现在掌握在企业手中。此外，企业外部的研究人员也会发现，他们对自然生长作物的研究受到重重阻碍。

6. 竞争受限带来的不平等。 激烈的市场竞争可以带来相对较少的不平等，因为高利润和高收入会诱使潜在竞争者进入市场，增加供给，从而降低价格和收入。不过这并不意味着完美市场是高度的平等主义社会，因为成功的创新者和稀有技术的所有者都会获得丰厚的回报。虽然竞争的存在使这些收入差距面临巨大的压力，但如果进入壁垒相当高，就不会出现这样的情况。在这种情况下，高利润和高收入不会受到任何挑战。乍一看，这种不平等好像只涉及不同企业之间的收入分配，但最终它会通过收入差异（更重要的是财富差异），影响整个社会的不平等程度。这是高进入壁垒引起的深刻后果。值得注意的是，在过去30年里，巨型跨国企业对经济的影响逐渐加深、网络外部性和企业标准迅速发展、发达经济体中财富与收入不平等日益加剧，颠覆了从长期来看市场经济可以缩小收入差距的观点。

三、存在大量的交易

7. 缺少对未来的信心。 如果市场经济偶然出现商品不进入流通渠道的现象，如前面提到的偏僻的农舍，市场经济的活力不会受到很大影响。但是，如果市场上存在普遍的信心缺失，如买方普遍退出市场，企业担心库存积压太多不敢进行生产，整个市场就会崩溃。如果消费者担心他们的收入会出现大幅度减少，或未来某种重要支出会大幅度增加，以至于不得不牺牲其他支出，就会丧失对未来的信心。经济学家认为这种市场失灵是由以下外来冲击造成的：自然灾难，战争，或起源于世界上其他地方的经济危机。人们很难接受市场经济内部会发生经济冲击的看法，因为完美市场模型认为买卖双方具有完全信息。面对可能出现的困难，买卖双方会采取行动回避突然的冲击。这一看法存在两个问题。

首先，我们从来不曾拥有完美市场经济。当然了，如果我们能够建立完美市场，我们就能减少经济冲击，但我们怎么能从一个冲击不断的经济环境中建立完美市场呢？其次，我们马上就会看到，拥有完全信息是非常困难的。

四、完全信息要求

8. 获取信息的现实问题。市场参与者获取完全信息的条件在现实生活中很难满足。关键问题在于，在市场经济中，大多数信息本身是有价格的。事实上，获取信息往往会构成一笔很大的交易成本，通常情况下也是最重要的交易成本。因此，这个问题与上面讨论过的交易成本问题就联系起来了。技术精密的产品与日趋复杂的金融工具使我们的经济生活变得越复杂，获取信息就越重要。因此，获取信息在当代的重要性极可能超过以往任何时期。对消费者来说，主要问题是判断花钱购买能够帮助他们做出完全知情的选择是否划算。问题的难点在于，获取信息之前，消费者很难判断信息的价值。因此，信息获取在实践中并不依赖于信息最后带来的价值，而在于我们是否有能力承担获取信息的成本。换句话说，我们越富有，我们能够获得的信息就越多。结果，富有的人能够做出更加有效的决策，从而变得更加富有。

民主社会通常能够在最初的几十年里减少收入差距，但随后就会发现收入差距不断扩大。上述思想使我们能够更加深刻地理解这种现象背后的原因。这个问题在金融市场尤其严重，因为富人能够花钱获得非常专业的建议，帮助他们做出决策，使他们的收入增长速度远远快于小额投资者。类似地，相对于个人来说，组织更具有信息获取优势。这意味着在信息获取方面，企业通常优于顾客（除非顾客也是企业），雇主优于雇员，大型企业优于小型企业。

经济学假设市场参与者，包括富人，具有获取完全信息的动机，但这个假定通常受到挑战。20世纪70年代，美国经济学家尤金·法玛（Eugene Fama）利用这个假定证明股票价格是完全有效的。他认为，如果能够假定理性投资者在对一家企业做出投资决策时，有动机掌握一

第 2 章 市场与市场缺陷

切与这家企业有关的信息，那么就能同样假定，反映这些投资者评估结果的企业金融资产的价格，能够告知我们有关这家企业运行绩效的一切信息。这种主张使股票价格最大化成为企业管理的重要目标，迫使管理者将所有精力集中在企业股票价格最大化上。这就使衍生品开发极为容易，二级市场兴盛起来，使得20世纪90年代以来的股票交易速度和股票价值出现惊人的增长。股票和债券的交易价格成为判断相关企业资产价值的唯一信号。似乎这些市场的发展弱化了信息获取需求（市场产生的以自我为参照的信息除外），结果产生了比"真实"经济更能反映现实生活的金融市场。

但这个过程最终导致了2008—2009年金融危机，其原因在于，金融市场非但不能激励投资者获取信息、保证市场的有效运行，反而给出了使投资者采取错误行动的暗示。投资者渐渐相信，他们可以依赖一条脆弱的信息链——资产价格——获得一切必需的信息。然而资产价格已经深受一系列胡乱猜测和投机行为的影响，以致很快就像纸牌做的房子一样崩溃了。

五、经济与政治分离

9. 政治与经济不可避免地纠缠在一起。有几个主要原因使完美市场模型要求的经济与政治分离在现实中很难实现。第一个原因是，国家干预通常是治理上述市场失灵最有可能的方案。其次，市场本身需要法律来规范，至少需要法律约束货币流通及打击伪钞，制裁违约行为，以及保护专利和版权等。当然市场本身也能够对上述不法行为进行一定的制约。例如，假设市场参与者想继续留在市场，同时又想把那些不遵守市场规则的人排除在外，则被逐出市场的威胁足以确保人们使用真币，遵守合同，并尊重创新者的知识产权。但这种内部监管只有在市场参与者人数较少时才有效，因为他们对彼此非常了解，并能快速传递有关不道德行为的信息。小规模市场和传统市场通常具备这些条件，可以基本上不需要法律，但它们既不是最有效的市场，也不是广阔的市场，当然更不是全球市场。与其他形式的协调行为相比，市场的一个优势体现在，它使我们能够跨越遥远的距离，与素不相识的人打交道。这种市场不靠人际关系，而需要使我们能与陌生人打交道的机制。购物网站eBay是一个很有意思的例子。eBay大力鼓励用户评价交易对手和交易质量，从而设法在高度陌生的网络世界再现社区经济的部分特征。尽管eBay的用户认为自己构成了一个开创性社区，但这不过是一个市场不用依赖外部干预就能解决自身问题的例子。我们很难看出这种机制可以在多大程度上减少对合同法的需求。

事实上，法律干预出现在更早时期。如果我们不能取得某项财产的合法拥有权，我们就不能缔结合同和宣称有权让合同得到实现，因为违约造成的损害是以参考财产权受损害的程度来进行评估的。要使合同实现产生的收益得到保护，就需要把这种收益界定为一种可识别的财产权利。许多美国人难以理解这一点，因为美国神话般的建国使美国人认为财产是通过先驱们的努力从荒芜的西部开发出来的，随后受到美国军事力量的保护（人们早已遗忘政府在土地分配过程中的作用）。无数电影大力宣传的建国神话，对美国人坚持携带枪支和无须政府维护市场经济的信念产生了根深蒂固的影响。但美国大量涌现的、极其赚钱的合同案件使这个神话受到了一定的挑战。而且，威廉·罗伊（William Roy）在关于美国资本主义崛起的著作《资本的社会化》（*Socializing Capital*）中指出，资本主义市场紧随国家社会化出现，开发大型资本项目存在一定的风险。

但是，政府与市场之间的纠缠最终会造成更为严重的后果。自由经济很难阻止经济上富有的个人或组织对政治施加影响。富人可以利用资源支持具有相同观点的政党或政客，或游说那些不愿改变观点的政治家。他们还可以参加竞选，影响社会舆论，甚至还可以通过拥有和控制报刊杂志及通信渠道，为他们的利益服务。令人感到悲哀的是，民主与市场经济丝毫不能扼制富人的政治权力。尽管二者渴望通过不同方式实现这一目标，结果却使问题变得更加棘手。民主需要大量资源，建立畅通的民意诉求渠道。民意可能代表大多数人的观点，但民意得以畅通表达所需的资源却主要掌握在少数富有的人手中。市场机制可能依赖于政治与经济的分离，但却不能阻止人们利用经济活动产生的收益施加政治影响（部分目标是获得经济特权）。政治权力和经济财富能够相互交换，进一步加剧市场经济中的收入差距。财富集中——其根源我们已在其他的市场失灵中指出——使少数人或少数企业能够施加政治影响，然后再利用这种影响使自己变得更加富有。财富与政治的影响力就这样实现了相互交换和相互强化。

因此，在所有的市场失灵中，那些趋向于导致大规模财富集中的市场失灵是最令人担心的，因为这样的市场失灵最终会破坏市场，破坏民主。正如我们在上述几个地方指出的那样，现代经济的几个突出特征助长了财富集中。

在本章论述市场失灵之后，下一章本应该考察如何利用公共政策治理市场失灵，但我们还需完成一些重要的铺垫工作。迄今为止我们一直在考察新古典经济理论提出的完美市场模型。这个模型在现实生活中有几个条件得不到满足。经济理论的最新发展试图解决这些难题，特别是解决在市场上占据主导地位的巨型企业的作用问题。因此，我们需要先考察巨型企业对市场的影响，然后再考察政府治理市场失灵的能力和效率。

第 3 章

企业对市场的控制

> 事实上，在自由社会，人们对政治的认识常分为两派：一派害怕个人力量，愿意给予政府更多力量去打击个人力量；另一派更害怕政府力量的扩张，因此愿意容忍个人力量的发展。
>
> 阿玛托（Amato），1997 年 4 月

市场上存在各种各样的企业。任何企业只要与政治或政府走得过近，就可能对真正的自由经济造成破坏。这个问题对我们所谓的"巨型企业"而言尤其突出。巨型企业是指具有强大的市场主导力量，能够利用庞大的组织实施市场主导战略，并能通过自身行动影响市场交易条件的企业。本书所指的巨型企业也包括在国际市场非常活跃的跨国企业。我们对巨型企业的这种界定是必要的。因为现在出现了许多中等规模的企业，尽管在许多国家拥有分支机构，但所属市场份额相对较小，除非它们能够取得特定市场的垄断地位，否则完全受到供求法则的制约。这种企业不在我们的讨论范围。巨型企业的两大特性会造成更加严重的政治问题，因为企业的市场主导战略可能包含政治战略，而跨国企业（TNC）有时甚至可以凌驾于国家主权之上。

在新古典理论假定的完全竞争经济中，企业只是一系列契约的集合。企业比较众多市场中的资源，然后做出决策。假如利润最大化是企业理所当然的目标，为实现这个目标，企业必须选择最理性的路径。于是，我们就能根据市场发出的信号预测企业的行为。那些不采取理性行动追求利润最大化目标的企业将会在竞争中处于下风，从市场上消失。企业内部的员工只不过是任何情况下帮助企业实现利润最大化的工具。

第3章 企业对市场的控制

经济理论以及盎格鲁—美国传统的商业法实践都把企业看作个人，因为这些思想流派没有复杂组织的概念。但实际上，现有的资本主义经济并不符合新古典理论完全竞争模型。我们在上一章曾经指出，许多行业都存在进入壁垒，全球市场上事实上只有少数几家企业，更不用提规模更小的国内市场了，因为许多行业都要求企业进行巨大的研发投资，或建立密集的分销网络。

20世纪30年代，罗伯特·科斯（Robert Coase）在1937年提出的在厂商理论中指出：企业，尤其是大型企业，是一种组织而不是一个契约集合体。经济理论这才对企业有了新的认识。通过劳动力市场可以很好地理解企业的本质。当企业需要劳动力的时候，它可以和一些能够执行特定任务的人缔结合约，向他们支付工资。在这些任务完成的时候，又需要别人来完成新的任务，就缔结新的合约。这是企业对特定劳动力具有偶然需求时——如制定新的广告策略——通常采用的做法。当企业按这种方式运作，完全市场分析就能充分理解企业的本质。但是，当企业在未来不确定的时间，需要持续不断地完成一组特定任务，或需要一种共同的文化约束企业员工时，则企业就会发现，通过不断缔结新合约寻找新工人，是非常低效的。因此，企业通常和工人缔结长期合约，即所谓的劳动合约。劳动合约保证雇主能在未来很长一段时间得到工人的劳动服务，只要他按照合约向工人支付工资。劳动合约还赋予雇主管理工人的权力，即要求工人完成雇主规定的任务。这就是组织提出的"工作"概念，我们许多人对这个概念都非常熟悉。此时的企业不再是一个契约集合，而是一个具有不同层级的组织。企业最高层级发出的命令通过层层传递，抵达最低层级的雇员。企业上下层级之间的关系不再是合同商与承包商或分包商的关系。

正统经济学中的厂商理论可以帮助企业权衡成本与收益，然后做出决策。一方面，企业可以通过成本高昂的市场调查和专业培训，了解产品的价格和质量，招募新员工和供应商。另一方面，按照层级组织运作的企业尽管不能进行完全的市场检验，牺牲了一定的效率，但获得了一定的持续性，并减少了交易成本。多数大型企业在日常的经营活动中都会不断权衡外部市场与内部组织的使用，并根据成本—收益原则判断应该多使用外部市场还是多使用内部组织。奥利弗·威廉逊（Oliver Williamson，1975，1985），以及在与梅森（Williamson and Masten，1995）合著的几部作品中深化了科斯最初提出的概念，特别是交易成本的思想，探索了影响企业的各种组织问题。我们在上一章指出，信息是一大交易成本。尽管新古典理论把信息视作理性决策者必须掌握的东西，但信息在实际生活中确实难以获得。企业开发和分配组织资源的一个目标就是获取信息。有些大型企业已经具备组织能力，知道自己什么时候应该直接利用市场，什么时候应该利用组织资源。这种企业已经具备进行战略部署的能力，不过它们还没有把自己完全从市场中解放出来，其市场交易活动仍然受到市场法则的影响。但它们已经具备一定的能力，可以积极利用组织结构形成市场，并决定如何对市场做出反应。例如，当市场出现对某种产品的需求时，这种企业不会被动地对市场信号做出反应，相反，它们会通过积极的广告和营销创造大量的需求。这使大型企业比深受市场影响的小型企业更有优势，也改变了大型企业与消费者之间的关系。这时，古典经济理论关于买卖双方对称的观点，尤其是消费者主权的思想，在企业可以影响消费者偏好的时候就不太站得住脚了。

　　幸运的是，这些事实并不足以说明大型企业就一定是坏企业，因为现代的繁华生活离不开大型企业。但是，这确实表明大型企业并不像新自由主义理论宣称的那样，完全受到消费者主权和市场力量的影响。如果经济理论不断地告诉我们，应该提高社会生活中市场的作用，如果"更多的市场"意味着"更多的大型企业"，则我们必须深刻理解并高度警惕大型企业以及大型企业的政治影响。

·反垄断法的重要性·

　　本章开头引用的话出自意大利法学教授朱利亚诺·阿玛托（Giuliano Amato）关于欧美处理企业力量问题的比较研究。除担任过意大利首相外，他还担任过其他重要的政府职位。阿玛托在著作中解决

第 3 章　企业对市场的控制

了市场经济面对的两大难题。第一个难题是，市场的好处到底体现在哪里？完全竞争经济理论认为，市场的作用在于维持竞争秩序和维持大量的竞争厂商，但反对理论认为竞争结果更能体现市场的作用。结果就是，少数大型企业得以幸存，消费者的选择随之减少。第二个难题是，假如希望市场维持竞争秩序，又需要反垄断法维持市场上存在大量企业，阻止市场过于集中，那么为了保护竞争，政府干预到什么程度最合适？这些难题既反映了长久以来"政府与市场"之间的冲突，又反映了人们对政府与市场力量的困惑。这种困惑是由于第三种实体——巨型企业——的插足造成的。许多政治家都圆滑地宣称，企业只是市场的一部分。但如果政府与市场联手，反对巨型企业，会出现什么结局呢？或者巨型企业与政府联手，反对市场，又会出现什么后果呢？上述两种情况都有可能发生，也确实在历史上出现过。阿玛托在本章开头的引言中主要考察的是企业与政府的关系，这也是本书关注的焦点。但在此之前，我们首先需要考察企业与市场是如何分离的。

美国在 20 世纪前 50 年颁布实施的《反垄断法》旨在打破企业力量的集中，用以限制任何一家企业或任何一群企业主导特定市场的力量。其中一个最突出的例子是美国的《银行法》，该法案在随后的几十年里成功阻止了银行跨州设立分支机构。美国政治学的核心理论——多元论——在这种知识环境中不断加强。如果企业力量过于集中，就会阻止有效竞争，经济民主就不可能实现。政治民主也是同样的道理。普通人面临的选择与企业或政治家相比，不应该有太大差异，否则，后者就会控制他们的生活。与此同时，新来者进入产品市场或政治领域不应该遇到太多壁垒。如果经济力量构成政治力量的主要来源，那么反垄断政策在保护市场竞争的同时就能对民主多元化实现同等程度的保护。

事实证明，所有市场都维持较低的进入壁垒和完全竞争是不可能的，因为巨型企业的效率优势——通常来自于企业兼并，而不是企业产品畅销带来的市场增长——变得更加显著。为努力维持美国小企业众多、竞争充分的形象，政府反垄断局的律师不得不对各种违反竞争的行为实行更加严格的界定，同时政府也开始干预企业具体的经营行为。这不但冒犯了极其强大的企业的利益，也佐证了美国部分政治舆论的观点——美国政府的干预政策,即便旨在保护小企业和本地企业,也有搞共产主义之嫌。主要来自芝加哥大学的经济学家和法学家,以及为大型企业反垄断案件辩护的律师们,提出了一种倾向于保护具有市场主导地位的大型企业的新经济理论,放弃了自由资本主义的有效运行依赖于实际竞争和大量竞争者的这一传统理念。

具有讽刺意味的是,这种新经济理论的初衷在于减少政府对市场的干预,但其整个发展过程却具有浓厚的政治色彩。两位法学家罗伯特·博克(Robert Bork)和理查德·波斯纳(Richard Posner),在扭转对反垄断政策的偏见中起了重要作用,他们都被罗纳德·里根总统任命为美国联邦上诉法院法官。里根总统领导的新自由政府利用各种立法,坚决贯彻新自由主义主张。

让我们回到阿玛托提出的第一个难题。经济竞争是否意味着市场上必须存在大量企业,互相制约,才能为消费者提供广泛的选择?还是说持续竞争最终会导致优势企业打败弱小企业,市场上只剩下少数竞争者,消费者的选择也随之变少?美国反垄断法和德国古典自由经济理论家们的答案是前者,但被芝加哥学派成功地颠覆了。一开始,新自由主义的这一主张没有引起太多的关注,但到最后,曾在宣扬美国价值观中起着主要作用的"消费者选择自由"的思想不得不被摒弃。米尔顿·弗里德曼和罗斯·弗里德曼(Milton and Rose Friedman)的电视系列片和随后的著作《选择自由》(Free to Choose,1980)大力宣传一种更加抽象的芝加哥范式——没有任何政府干预的自由经济。认真地考察新自由主义的思想,我们会发现事实是另一回事。

博克(Bork,1993)和波斯纳(Posner,2001)认为,问题并不在于消费者实际上想要选择什么产品或服务,而在于消费者到底有多大的选择空间。从逻辑上来看,消费者的选择范围随社会财富的整体增加而扩大。如果说市场竞争导致无数小企业被一家大企业打败能在一定程度上提高效率,结果就应该是消费者"福利"的最大化,即便此时市场竞争减少,消费者可以选择的商品范围也缩小。他们认为,法官们在裁定反垄断案件的时候,应该关注哪种结果最有利于消费者**福利**的最大化,而不是消费者**选择**的最大化。

第3章 企业对市场的控制

如果说由消费者决定的消费者选择是一个民主概念,则消费者福利就是一个技术政治概念。消费者福利由法官和经济学家来判断,在这种情况下,政府就像一个大家长一样干预经济生活,以至于人们把这样的政府称为"保姆政府"。如果一群消费者声称,他们宁愿去各种地方小店,也不愿去一家大型超市,那么就会被告知他们的行为不理性,因为一家大型超市的效率明显高于地方小店。(在实际生活中,消费者到底是喜欢大超市还是小商店无人在意,因为在市场经济中,除非企业利用消费者进行市场调研,否则消费者根本没有这样的话语权,他们仅仅能通过价格信号表达他们的偏好。)消费者福利不是个体概念而是集体概念,尽管美国经济学界大力鼓吹消费者福利的学者都是个人主义者,而不是集体主义者。经济理论根据整个经济体系效率的变化来判断消费者福利的变化。我们在下面将会看到,这种理论并不关注效率增加带来的收益在人群中的实际分配,只要整个经济存在净收益,那就够了。

这种思想对大企业是非常有利的,因为这种理论的主要观点是:形成大型企业的并购或合并行为,总能改善效率。这种观点背后隐藏的逻辑是,理性的企业之所以采取并购行为,是因为它们相信这样做可以提高效率,收购一方为购买目标企业的股份愿意支付的价格就反映了它们的预期。后来的研究表明,并购行为确实能增加利润,但常常伴随更低的效率,这对上述主张是一个巨大的挑战。我们在上一章指出,大型企业具有网络外部性,还能设置标准。因此,即便大型企业提供的产品不如小企业,但由于它们掌握更高效的分销网络和宣传渠道,它们的利润也会增加。

巨型企业的信息渠道远比消费者丰富,除非其客户是其他的大型企业。不过,尽管巨型企业可能影响消费者选择,但与消费者福利并没有必然的因果关系。事实上,如果信息不充分能够提高消费者购买某种产品的可能性,那么大型企业的利润就会增加,整个社会的财富和消费者福利也会增加。

不过,为保护消费者权益的立法反对芝加哥经济学家们的这种观点。消费者保护法紧盯着大企业的经营行为。为保证消费者的知情选择权,议会提议为信息披露标准立法;欧洲委员会还坚持互联网行业的企业必须允许竞争者链接到它们的平台。但是，这一切无非表明，如果对企业不加约束，企业会怎样肆意妄为。事实上，一旦大型企业发现可以扩张的新领域，它们就会将其标准用作利润最大化的手段，而不是保护消费者的工具。这种做法明显侵害消费者的利益，但是根据经济理论对消费者福利的"巧妙"定义，这样做并不损害消费者"福利"。

美国的反垄断和欧洲的古典理论要求经济秩序满足多方利益（例如，既要满足股东的利益，又要满足消费者的利益），并坚持维持一定数量的中小企业对社会来说是合意的选择。然而，为多种利益服务的需要使竞争法陷入两难困境。到底应该保护谁的利益呢？是满足寻求大规模兼并、使企业能够主导市场标准的股东，还是满足企图利用网络或标准进入市场的小企业的股东，抑或是希望能够最大化消费选择的消费者？盎格鲁－美国人的立法过程深受新自由主义思想的影响，对竞争法面临的两难选择采取了一种非常简单的处理方法，那就是企业必须为股东利益服务。我们将在接下来的章节中考察这种观点存在的许多问题，但眼下我们必须首先论述芝加哥学派对反垄断理论的修正，以及对消费者保护的主张。

假设市场存在完全竞争，则在其他条件不变的情况下，拥护股东利益的观点的确站得住脚。因为在完全竞争市场，股东利益最大化的条件是为消费者提供良好服务，否则，消费者就会转向竞争者。但是，一旦出现当代经济的普遍特征——不完全竞争，情况就不同了。大型企业和市场上其他的参与者之间存在严重的信息不对称，从而为股东利益而不是消费者利益最大化提供了相当大的操作空间。因此，我们不相信企业在追求股东利益最大化的同时能够很好地保障消费者的利益。

如果我们能够证明，为股东派发丰厚红利的企业对顾客利益的关注日趋减少，那么我们就能更深刻地揭示上述问题。当然，企业会尽力掩盖漠视消费者利益的行为，例如，企业可能维持必要的前台活动，但同时减少那些不太显眼的客户服务——就像削减公共支出的政府决不会削减，而会尽力维持医院和学校的一线工作人员的数量一样。在企业减少支出的各种行为中，只有削减所谓的"冗余能力"才会引起关注。冗余能力是从工程学衍生出来的一个概念，在社会生活中有广泛的应用。冗余能力意味着，工程师在设计机器的时候，必须预见机器在特殊情况下可能遇到的应力或张力。以大桥为例，假如工程师在设计大桥的时候，所考虑的负荷能力仅为每日预期的交通量，则在交通拥挤的时候，一辆罕见的重型载货汽车就可能造成巨大的灾难。因此，工程师为大桥设计的负荷能力，必须大大超过正常情况下的负荷能力。但是，这并不意味着他们需要设计出能够承载任意交通量的大桥，因为这样做的代价太高。毕竟，资源是稀缺的，设计这样一座大桥需要将资源从其他一些紧迫的工程转移过来。工程师在设计大桥的时候必须决定要计算哪些风险，这也是他们的一项本领。工程师必须按照可能的最大交通量为大桥设计负荷能力。这样，在可能的最大交通量之下，超过每日预期交通量的那部分负荷能力就称为"冗余能力"。大多数时候，也可能在大桥的整个使用过程中，都不需要动用大桥的"额外负荷能力"——即"冗余能力"。因此，这部分能力是"多余"的。如果工程师决定不考虑超过这个水平的负荷能力，就要承受一定的风险，但这可以使这个项目更具商业价值。精确地设置大桥可能的最大负荷能力，仍然是一个需要准确判断的问题，不能交由技术公式简单地决定。

2010年，英国石油公司在美国南部沿海发生漏油事件，这是一个冗余能力不足造成巨大灾难的鲜活例子。一切石油钻探，尤其是在深海进行的石油钻探，都存在巨大的事故风险和大量潜在的污染——这也是上一章论述的"负外部性"的很好例子。石油钻探涉及一系列不大可能发生、但是一旦发生就会造成严重后果的灾难，因此石油企业必须支付高昂的成本，配备安全的设备和钻井台，以便出现意外时能够提供足够的保护。为此，石油企业必须设计很高的冗余能力。很明显，这是一项成本高昂的投资。石油企业必须考虑的问题有：哪些风险出现的可能性高，哪些风险出现的可能性低？什么样的风险几乎不可能出现，因此可以忽略，不用花钱提供保障？英国石油公司及其美国分包商，包括美国政府在伊拉克的一大承包商哈里伯顿（Halliburton），做了一系列这方面的决策。然而灾难还是不幸发生了，所造成的危害远远大于提供保障的成本。

就在这次灾难发生的前几年，英国石油公司和它的分包商，还有许

/ 43

多其他的企业，都弱化了工程师在决策过程中的作用，转而青睐理财专家，而工程师和金融专家对风险的态度是不同的。是这种变化使得英国石油公司和美国分包商决定降低冗余能力的吗？美国人对这样一个发生在美国海岸的灾难极为愤怒，英国石油公司是一家"外国"企业的事实更是火上浇油。总的来说，在政治舆论领域，美国人在此之前对欧洲人的评价是对风险高度敏感，缺乏企业家精神。在此事件之后，美国人的态度是否发生转变值得期待。

在工程学之外利用冗余能力思想的另一个例子是政府对基础科学研究的支持。假如政府只支持那些对当下有用的研究，则不会出现那些当前难以评估其潜在价值的新发现。基础研究所产生的知识是"多余的"，因为它不能立即投入使用，它的用处有待未来开发。当然，我们不能要求政府以"总有一天会有用"为条件支持各种可能的研究项目，因为这样做的成本太高，但政府必须在满足当下需求和竭尽全力满足所有需求之间找到一个合理的平衡点。

企业可以在冗余能力上下工夫，争取更好地为股东利益服务，虽然从长期来看，这也与顾客（又叫长期股东）的利益有关系。企业削减冗余能力的决策可以立即增加利润，但从长期来看，这样做可能带来严重的服务问题。那么企业为什么要削减冗余能力呢？因为如果企业不能实现股票市场的利润预期，就会面临生存危机，至少现任管理层是这样。因此企业必须在为股东服务还是为消费者服务之间做出取舍。企业越能凭借近乎垄断的地位获得竞争保护，选择前者的可能性就越大。

芝加哥学派提出了反对上述观点的三个理由：有限竞争的效率、分配效应和政府干预。

首先，芝加哥学派指出，即便市场上只剩下数量很少的巨型企业，它们之间也存在激烈的竞争。一旦降低消费者实际选择的重要性，再忽略消费者在市场上的劣势地位，一切有关竞争存在的问题就简化为几家厂商争夺市场份额的问题。芝加哥学派提出的观点是，三家企业足以保证市场竞争。如果市场上只有两家企业，芝加哥学派就会接受反垄断法拆分有关企业的传统主张。如果市场上只有一家企业，那就更不用说了。对此，批评家们指出，这忽略了几家企业之间进行默示合谋（tacit collaboration) 的可能性。例如，某个国家的银行发现，通过削减分支机构的数量，减少柜台人员的培训，全面降低小额零售客户的服务质量等措施可以提高股东的红利。那么在一个存在大量银行，竞争激烈的市场，第一家采取上述措施的银行可能失去部分客户，而对消费者友好的竞争对手则会吸引更多的顾客，前者会失去部分利润。银行既不能通过公开缔结减少服务的协议来解决这个问题，也不能维持一个完全非正式的协议，协调彼此的行为，因为前一种做法违反反垄断法，后一种做法因市场上的银行太多而难以实施。因此，由于存在市场竞争，股东利益和消费者的利益处于同样重要的地位。

假设一国的银行体系由四家大银行控制。它们可以通过非正式的、不易察觉的信号实现合谋，减少顾客服务，提高利润。一家大型企业所能采用的市场战略也适合于少数几家企业，只要后者能够实现竞争监管机构不易识别的合谋。芝加哥学派无视企业实行默示共谋的可能性，使他们受到激烈的批评，理由是对企业合谋能力的认识太天真。但是，芝加哥学派的观点并非真的源于天真，而是一种有意的忽视。他们事实上想要表达的意思是，即便企业具有合谋的可能性，骂一骂就行了，干吗要给政府提供市场干预的理由呢？因为在芝加哥学派看来，政府干预在所有可能的结果中是最糟糕的。

在考察有限竞争的效率之后，我们还要考察分配效应，然后再详细考察政府干预，因为分配效应对政府干预也有影响。由于减少资源的数量不能增加消费者福利，因此芝加哥学派认为，当整个经济体的财富水平上升的时候，消费者福利就实现了最大化。至于经济体中财富的分配情况，即财富实际上为谁掌握，芝加哥学派显然不感兴趣。举个极端的例子来说，假设一系列的并购行为提高了某个行业的效率，但是减少了该行业的竞争，以至于消费者必须支付更高的价格，或者像削减冗余能力的例子一样，不再能够享受高质量的服务。芝加哥学派的追随者就认为，只要效率提高使股东能够分到的红利大于价格上涨给消费者带来的损失，则价格上涨与消费者福利的增加就不矛盾，因为整个经济变得更好了。如果一定要让他们回答，实际财富到底掌握在股东手里，还是分散在消费者手中这个问题重不重要，他们就会说，大多数财富一定会

/ 45

"慢慢地渗透"（trickle down）到每个人手中。但更重要的是，他们理所当然地认为这仅仅是一个分配问题，不在经济理论的研究范围之内。他们可能承认，我们对分配的关注很有道理，但他们接下来会说，这是一个需要由政治而不是经济学来解决的问题。

·新自由主义思想关于政府干预的悖论·

但是，芝加哥学派的经济学家一方面认为政府行为是解决分配问题的唯一措施，也是实现股东利益最大化之外目标的唯一途径，另一方面，他们又把政府干预视作各种政府行为中最糟糕的行为，甚至比侵害消费者利益的限制竞争行为还要糟糕。

为了理解芝加哥学派对政府行为如此厌恶的原因，我们需要了解美国人反对大多数政府行为（军事行为除外）的习惯，以及近年来弗吉尼亚大学政治学派的主张［参见布坎南（Buchanan）与塔洛克（Tullock）关于公共选择理论的奠基著作——《同意的计算》（*The Calculus of Consent*），1962］。弗吉尼亚大学是政治经济学中公共选择理论的发源地。这种理论几乎把一切政府行为视为政府官员的寻租行为和自我强化行为。对公共选择理论来说，一项开发公共服务的提议本质并不是为公众服务，而是政治家和政府官员扩张职权空间的手段。因此，他们得出与芝加哥学派的盟友们相似的结论：尽量依赖市场，远离公共部门。这就提出了一些重要的问题，我们将在后面的章节加以论述。从目前来说，我们必须解决芝加哥学派和弗吉尼亚范式留给我们的，与分配、污染和环境损害有关的难题。芝加哥学派和弗吉尼亚范式告诉我们，这些问题不在企业职责范围之内，因为企业的责任是最大化股东利益。如果我们要对企业采取行动，我们应该依赖政府。但当我们叩响政治家的大门时，我们发现芝加哥学派和弗吉尼亚范式的理论家们早已等在那儿，警告我们绝不要依赖政府实现任何目标，因为政府官员要么是一群能力低下的人（芝加哥学派的观点），要么就是一群腐败分子，专搞寻租行为（弗吉尼亚范式的观点）。因此，不管企业对股东以外的其他人群的利益或价值造成了多大损害，只要它们没有进行明显的合谋，结成利益集团，我们就不能加以干涉或指责。虽然我们可以通过个体选择抵制企业损害消费者利益的行为，但我们知道，芝加哥学派的新自由主义思想实际要表达的却是对大型企业的偏好。

芝加哥学派一方面对政府行为高度怀疑，另一方面又主张对法律的大肆使用，看起来好像这个问题背后隐藏着更深的悖论。芝加哥学派的拥护者们对法律和政府做了清晰的区分。从理论上来说，这在实行普通法法系的、以英语为母语的国家是可行的，因为在这样的国家，法律的发展（部分）是通过修改司法解释，目的是促进双方之间达成协议，不用求助于政府。芝加哥范式之所以先后在美国和欧洲的法庭取得了一定的胜利，原因是法官们在没有政府干预的情况下，对反垄断案件采取了不同的观点——里根总统任命博克和波斯纳为美国联邦上诉法院法官这样的"小事"除外。

芝加哥学派认为，就连求助于法庭这样的行为也常常是不必要的。对大多数财产权纠纷来说，有关双方完全可以通过经济学方法解决问题。他们认为，一方对另一方的购买意愿完全能够说明重大利益的平衡点，也即整体效率的平衡点。值得一提的是，能为这种范式的竞争法提供支持的例子主要来自传统制造业，甚至是农业，而不是20世纪末期与21世纪初期的主要行业。罗伯特·科斯在1960年发表了一篇名为"社会成本的问题"（The Problem of Social Cost）的文章（有意思的是，正是这位科斯在20世纪30年代提出了非常现代的厂商理论），其关键内容以农夫和养牛者之间的假想案例为基础。假设有一位养牛者和一位农夫。养牛者任其奶牛损害农夫的庄稼。为保护农夫的庄稼免受损害，通常情况下人们认为需要制定法律，但科斯并不这样看。如果养牛者约束奶牛的行动能够给农夫带来好处，农夫就该付钱给养牛者，让养牛者约束奶牛。如果他愿意支付给养牛者很多钱，让养牛者约束奶牛不去损毁庄稼，结果将是非常有效的。但是，如果养牛者发现，农夫支付给他的金钱少于他让奶牛四处游荡带来的收益，那让奶牛继续损害庄稼就是更有效的结果。既然如此，无须对双方的收益和权利进行抽象的争论。人们为解决问题愿意支付的金钱，完全可以成为这个问题的法律判

/ 47

决，因为这样做能够保证资源的有效使用，而"公正"这样的抽象概念则不能。

这个问题可能引起道德方面的争论：一个放弃所有公正思想的法律体系可行吗？这与本书的主题并不相关，所以我们按下不表。接下来我们要考察另一个问题。芝加哥学派认为参与交易的个体（个人或企业）无须太多，但在现实生活中，这样的解决方案更难以实现，因为外部性产生的收益或损害需要由大量的人来承担。当代的许多环境损害案例就是最好的证明。特别是，那些利益受到影响的人群非常分散，不具有突出的共性特征，很难分类，因此也很难对他们采取统一的补救措施。而且，这些人还面临难以克服的集体行动问题。

芝加哥学派的经济学家意识到，如果企业联合起来，结成正式的反竞争行为的垄断联盟，或去游说政治家，就会带来严重的问题。虽然芝加哥学派为粉饰大企业损害消费者和小企业的经济力量做了大量的努力，但是，在反对经济力量影响政治过程这个方面还是与社会民主人士和新古典经济学家达成了共识。需要指出的是，博克特别强调（Bork, 1993），小企业常常像大企业那样，采取合谋行动游说政治家。事实上，博克反对美国一贯支持地方司法、反对中央司法的主张，因为他相信，地方立法比中央立法更易受到游说压力的影响。

我们可以提出反对博克的观点，原因是小企业，除了那些具有地方垄断地位的小企业，比大企业更可能进行完全竞争，其利润空间会逐渐压缩到不能承担美国政治体系游说成本的程度。即便是像"集体行动的逻辑"这样的一般性问题，小企业也难以克服。假设有一群个体（个人或企业），对实现某个目标很感兴趣。该目标的实现能让一切利益的双方获益，不管他是否为实现目标贡献了自己的力量。在这种情况下，采取行动实现目标不符合理性人的利益，特别不符合高度竞争市场上的企业的利益。如果某家企业采取其他竞争者都不采取的行动，则这家企业就要承担所有的成本。如果这家企业取得成功，则所有竞争者都会获得好处，尽管他们没有支付成本。如果市场上的确有这样的"傻瓜"采取行动，那些不参与行动的企业就能不劳而获。

巨型企业，一旦达成限制竞争的默示协议（tacit agreements），就能限制竞争者的行为。因此,巨型企业面临的情况与小企业不一样。它们不是集体活动中力量弱小的参与者,相反,它们的参与起着重要的影响。巨型企业能够很好地控制利益分配,绝不会让自己落空。具有讽刺意味的是,通过游说政治家,采取有利于某企业或某行业的行动,这种使经济和政治力量集合在一起的风险在"芝加哥范式的经济"中比完全竞争市场要大得多。但是,芝加哥学派对此自有答案。由于政府对经济的干预程度越高,企业力量对政治影响的范围就越广,所以,芝加哥学派认为,降低政府在经济中的作用,就能降低经济和政治力量纠合在一起的风险。这令我们再次想起芝加哥学派经济学家自相矛盾的逻辑:先是建议我们通过政治行动解决分配问题和实现经济领域之外的目标,然后又宣称政府根本不该介入这类问题。

新自由主义对寡头垄断采取比较宽容的态度,这对大型企业非常有利。这些企业不必遵守新自由主义的严格教条。到目前为止,没有任何证据表明,如果美国的巨型企业认为它们游说政府的活动导致政治与经济的高度融合,它们就会放弃这种游说活动。阿玛托在本章开头的引文中指出,美国政府在20世纪70年代深受芝加哥学派经济思想的影响,接受对寡头垄断的容忍,因为这时德国和日本对美国的出口开始威胁美国的制造业,美国企业对政府展开大肆的游说活动,声称更大的企业规模有助于它们抵制来自国外的竞争。

罗伯特·赖克(Robert Reich)曾任克林顿政府劳工部部长,也是美国的一位著名经济评论员。他在著作《超级资本主义》(*Supercapitalism*, 2008)中描述了美国的企业游说制度。他把美国日益严重的收入差距、对工作的不安全感和商业腐败视作现代美国生活的负面特征,并把这一切归咎于大行其道的游说活动。20世纪90年代末期,美国经济中出现了一大丑闻,就是臭名昭著的安然事件,当然,这次事件涉及的并不止安然,还有世通公司(WorldCom)和其他一些企业。这些丑闻反映的不仅是资本主义经济的表面问题,而且是资本主义经济的本质和核心问题。安然是一家能源企业,2000年成为美国第七大企业,曾为美国总统乔治·W·布什的竞选活动赞助数百万美元的经费。2001年安然倒闭时,已欠下640亿美元的债务——这是一个创纪录的数字,但是，这个纪录只保持到次年，因为 2002 年世通超过安然，成为美国历史上最大的公司破产案。曾为世界上五大会计师事务所之一的安达信事务所（Arthur Andersen）一直负责上述两家破产企业的审计工作，直到它自己因卷入丑闻而倒闭 [关于此案例的精彩分析，请参看弗劳德等人（Froud et al.，2004）的文章]。

企业的游说活动是这些丑闻的罪魁祸首。游说分子打着自由市场的口号，劝说国会通过立法，允许大公司自己雇用会计师事务所负责会计、咨询和审计工作。因为这种做法使会计师事务所为保住有利可图的合同，往往会对被审企业账户中存在的违规行为保持沉默，所以在此之前，这种做法是违法的。就在批准大公司雇用会计师事务所承担会计和审计工作的立法被通过后不久，安然的账户就出现了违规行为，审计人员在对这些账户进行审计时有所察觉，但安达信的高层管理人员为保住与安然签署的重要的咨询业务合同，没有披露安然的违规行为。多亏美国的政治多元性，这样的大丑闻才得以公开，安然被诉诸法庭，几位高层管理者锒铛入狱。

最近的一个例子是美国医疗卫生系统对奥巴马政府医疗改革政策展开的轰轰烈烈的游说活动。据英国《卫报》2009 年 10 月 1 日报道，美国的医疗保险企业、医院和制药企业为国会的每个议员派出 6 位游说人员，支付 3.8 亿美元展开抵制医疗改革政策的游说活动（campaigning 一词本来是指提供经费，赞助国会议员的选举活动）。虽然关于医疗改革政策的立法最终获得通过，但国会对该议案进行了几处重要的修订。例如，原医疗改革方案准备像大多数欧洲国家那样成立国家医疗保险基金，经修订后改为公民有义务购买私人医疗保险，政府对低收入人群的保费提供补贴。这使得许多人不得不成为私人企业的客户，虽然他们中有些人可能得到政府的资助。

从目前来看，金融业也在支付巨资展开游说活动。由于金融业不受规制的行为引发了全球危机，奥巴马政府准备对金融业进行再次规制，这导致了金融企业疯狂的游说活动。

2010 年，国际货币基金组织宣称，在过去四年的选举周期中，美国企业在政治活动中的花费是 42 亿美元，金融业中风险最高的企业支出最多。IMF前首席经济学家西蒙·约翰逊（Simon Johnson，2009）曾宣称，就像发展中国家的金融业控制着政府活动一样，美国金融业已经控制了美国政府。

美国不是唯一一个深受企业游说影响的国家。2010年7月，欧洲议会决定从两种食物标签法中选择一种，向消费者宣传食物成分中潜在的健康风险。一种标签法采用醒目的色码图，显示食物成分，另一种标签法采用黑白小号字体列举食物成分。尽管有11家主要的食品和饮料制造企业明显偏爱可以代表它们商标以及宣传资料的色码图，但整个行业还是为黑白小号字体列举式标签法展开了大肆的游说活动。一位正在为采用色码标签法进行游说的消费者组织的代表告诉《独立报》（2010年1月7日），企业游说人员的数量远远超过消费者协会，二者的比例达到100∶1。最终议会投票选择了黑白列举式标签法，使企业的游说人员得偿所愿。

阿玛托把私人力量和公共力量的选择视作反垄断政策的主要难题：为控制个体的经济力量，我们需要承担扩张政府力量的风险。但如果我们不愿给政府过多的权力，我们就必须对私人力量采取容忍态度。我们该如何选择呢？看起来芝加哥学派选择的是后者，但它的实际行动却又不是这么一回事。通过帮助真正的巨型企业的成长，芝加哥学派对私人经济力量和政府力量的强大结合表现出一种纵容态度。政府力量并不像法西斯时代那样强势，但却可以成为向企业提供帮助的保护伞。

芝加哥学派最初的大部分比较极端的反垄断教条没能经受得住时间的考验（Cucinotta et al.，2002）。特别是，它对增长迅速的高技术经济的网络外部性的漠视，以及对少数主导企业默示共谋的容忍，导致了美国法律的大规模修订，这也使欧洲法律改变了对垄断企业曾经的反对和否定态度。著名经济学家理查德·斯马兰奇（Richard Schmalensee）曾经帮助微软公司打败美国反垄断局的起诉。2002年，他像20年前的博克一样抱怨说，《反垄断法》阻止大型企业强化它们的优势，迫使大企业接受竞争者的存在，导致整体经济效率降低。他将微软公司遭遇的法律问题归因于此前他们对政治游说活动不够重视——因此微软公司随后就加强了这方面的活动。

/ 51

对大西洋两岸的经济体来说，反垄断案件持续被诉诸法庭，大型企业被要求放弃垄断地位或为小型竞争者进入市场提供空间，这既证明了公共机构的力量，也证明了对公共利益的关注。但是，有三大问题依然存在。第一个问题是，关注消费者福利而忽略消费者选择的家长制传统和本质上属于集体主义的教条认为，只要经济活动能够创造财富，谁享有这些财富并不重要。这种观点依然影响着竞争法对并购行为的态度。这些概念已成为新自由主义的部分遗产，不管它的论调有多么强调选择自由的思想。

第二个问题是，与完美市场理论相比，芝加哥学派作为一套经济理论尽管存在种种瑕疵，但至少比先前的传统经济学理论更具现实性。20世纪70年代，一直在努力阻止巨型企业形成市场支配地位的《反垄断法》开始对并购行为实施不切实际的限制。反垄断法为保护小型企业和消费者选择而做出的努力，不管被视作对日趋不现实的美国乡村形象的怀念（博克是这样认为的），还是对实行社会主义道路的尝试，都肯定是不切实际的。自由经济秩序的主张也是这样。芝加哥学派为反垄断政策所做出的积极贡献是，使法学家、经济学家和法庭意识到，努力维持古典理想——一个存在大量中小企业的经济——是存在机会成本的，即经济方面的效率损失和不断加大的政府干预。芝加哥学派本来只需利用经济学高度可靠的概念——机会成本——就能表明自己的这些观点，但它没有。它运用了"消费者福利"这个扭曲的概念重新界定经济效率，而这只不过是一种平民论调，与其说它违背了这个概念的创造者的纯经济和法学动机，倒不如说它违背了创造者的政治动机。

最后一个问题是，芝加哥学派的创新并没有解决经济与政治力量相互纠合这个关键问题。因此，自由资本主义实际上很难实现政治和经济在相互依赖的同时又相互独立的目标。受巨型企业主导的经济情况就更糟，因为这样的经济意味着财富的高度集中。企业不仅能把财富转化成政治影响，而且能够利用庞大的规模和组织层级带给自己巨大的策略空间，实现政治目标，或成为政治家。把企业视作组织，而不是一个契约集合，我们就能深刻领悟其对政治理论的意义。

第 4 章
私人企业和公共事业

市场与大型企业之间存在巨大的差异,但新自由主义却认为大型企业具备市场属性(事实并非如此),我们在第 3 章就讨论过这一点。近些年来,政府在新自由主义思想的影响下,力图缩小公共活动和私人部门之间的距离,有时候甚至把公共部门私有化。这是一个政府不断适应市场的过程。当我们考察这个重要过程的时候,将会再次看到市场与大型企业之间的差异。通常情况下,政府对市场的适应实质是对大型企业的适应,这就促进了自由主义政治经济学反对的对象——政治化的巨型企业——的发展。

过去针对市场与政府的争议主要集中在第 2 章提出的市场失灵,以及政府为矫正市场失灵采取的传统政策上。这些政策措施自 20 世纪 70 年代以来逐渐成为新自由主义攻击的对象,因为它们成了"政府失灵"的根源。下面我们来考察一下这些政策,第 3 章的论述已经使我们看到,这不仅仅是一个简单的政府与市场冲突的问题。

表 4.1 第一列概述了第 2 章讨论过的市场失灵问题,第二列列举了民主国家在 20 世纪对这些市场失灵采取的标准措施,第三列解释了在新自由主义批评家们看来,对市场失灵采取的矫正措施存在的失当之处,及他们提出的新矫正措施,包括新公共管理、市场化和私有化。

表 4.1　　　　市场失灵、政府规制和政府失灵

市场失灵	政府部门的标准解决方案	新自由主义批评家指出的政府失灵
1. 市场不能解决外部性	通过规制治理外部性(例如:污染控制标准)	规制为市场带来过重的负担;规制注重形式,执行缓慢,难以适应新问题;存在规制俘获

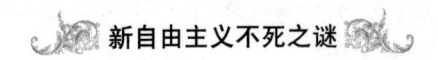

续前表

市场失灵	政府部门的标准解决方案	新自由主义批评家指出的政府失灵
2. 公共物品和准公共物品 3. 无法标价的商品 4. 交易成本	由政府直接提供商品或服务，通过税收而非使用者付费来筹集资金（例如，教育和医疗服务）	过度供给、对消费者需求反应迟钝、厂商的利益居于主导地位、税收过高、缺乏成本意识
5. 许多行业存在大量的、难以消除的进入壁垒	由政府直接提供商品或服务，不过不能确保真正的市场竞争（例如，公共事业）	
6. 持续的进入壁垒带来财富与权力的不平等	利用税收的调节作用，在不平等被认为不可接受的情况下，由政府免费提供商品或服务，或对商品或服务的供应商提供补贴（例如，教育、医疗、社会服务、交通运输）	除具有上述问题外，公共服务的提供还常受不平等产生的特权集团的游说影响
7. 现实中存在重大信息障碍，信息获取渠道不对称	由充分了解情况的联邦政府智囊团作出有关服务提供方面的决策	除具有上述问题外，还包括过度的集权化和脱离实践
8. 由于第5、6条产生的不平等出现强大的利益集团，影响政治决策过程	公共服务行为准则要求政治家不得与企业有任何关联	政治家与各级政府官员越来越不了解商业行为

首先，针对第一种市场失灵——外部性，政府的标准措施是实行规制（如颁布污染控制标准），迫使企业和其他人迫于罚金和其他制裁措施的压力解决外部性问题。新自由主义人士对此提出，规制给经济活动带来了成本。我们在前面提到过，在新自由主义者看来，即便某项经济活动产生一定的外部性，但增加这项经济活动的成本同样会减少社会福利。新自由主义还提出，规制具有抑制创新的作用，因为新产品和新工艺需要接受检测和评价。新自由主义甚至和反对规制的左翼人士一样，提出下列反对观点：政府规制看重形式，过程缓慢，总是落后于市场创新，因此不能处理快速涌现的外部性。政府规制还容易陷入"规制俘获"（regulatory capture）陷阱，因为受到规制的企业通常掌握所属领域的专业知识，使政府不得不依赖于它们并向其寻求实施规制的建议。

由于受到规制的企业总有削弱规制的动机和倾向，这就再次证明了拆解经济和政治力量的纠合是非常困难的。

第二，针对无法标价的商品、公共物品和准公共物品等严重的市场失灵问题，以及涉及交易成本等轻微的市场失灵问题，政府的标准解决方案是直接通过公共服务提供这些商品，成本由税收而不是消费此项商品或服务的使用者来承担。这样做，可以使上述商品的供给远离市场（其生产过程不一定如此）。公共医疗、教育、某些文化设施、免费公路等都是这方面的例子。在最近一轮私有化浪潮出现前，政府一直采取类似的做法解决比较严重的进入壁垒问题。

我们在前面说过，在所谓的"自然垄断"行业，提供某项商品或服务的技术或成本使得该行业不可能存在竞争，因此政府更倾向采用非市场的形式。

新自由主义者认为，这些政府行为存在两种不同的缺陷。首先，由于商品或服务的提供由政治家和政府官员决定，因此厂商的偏好极有可能压倒使用者的偏好，导致厂商对消费者的不满视若无睹。在这种情况下，医疗服务的营业时间将根据工作人员而不是使用者的需求来定，学校将会根据教师的喜好而不是家长的期望来安排授课内容。从另一方面来看，有些商品或服务可能存在过度供给问题。因为公共服务由供应商主导，通过强制性税收而不是人们愿意支付的价格来解决成本问题，所以公共服务的供给主要是为保证公共部门员工的就业而不是满足使用者的需求。公共部门极有可能效率低下，因为它们缺乏节约成本的动力，也没有解雇低质量员工的压力。此外，通过税收强迫公众为公共服务埋单，这种做法一定会改变公众的消费习惯。而如果由公众自行选择，则会增加公众的福利。例如，如果削减一项公共筹资的医疗服务可以减少我的税负，则我可以多花一点钱来买烟，少花一点钱在医疗上，我的选择自由和我的福利都会得到改善。

第三，政府力图通过双重措施在一定程度上缓解市场失灵带来的不平等。首先，政府免费提供某些重要的商品或服务，或通过对其使用者提供补贴，从而减少使用者对这些商品或服务的成本负担，也使这些商品或服务的提供不用依赖于购买者的支付能力。其次，政府建立累进税制，使富有的人多纳税。新自由主义除对政府直接提供商品或服务提出一贯的反对意见外，还从另一个截然不同的角度提出了新的批评。那就是，既然政府容易接受游说，而富人比穷人更有能力去游说，因此，政府直接提供的商品或服务很可能对富人更有利，就像自由市场对有钱人消费得更有利一样。新自由主义人士指出，富裕地区的公立学校的教学质量比贫穷地区的好，国家大力补贴的高等教育服务主要被有钱人家的孩子享用。他们甚至从另一个方面提出对累进税制的批评，即累进税制会打击人们的创业精神和创造财富的动力。

第四，针对信息市场失灵，古典公共服务派的应对措施是把处理关键领域信息的任务移交给了解情况的政策精英和专业人士，让后者承担提供服务和监控服务质量的责任。因此，人们不再费尽心思为孩子选择教育内容，也不再揪心如何选择医疗服务，或思考什么样的消防机构能最有效地扑灭火灾。政府在提供这些服务的时候，可以利用自己的权力，获取超过普通人能力范围的、尽可能有用的信息。新自由主义人士对此同样持反对态度，原因之一是政府提供这些服务存在"政府失灵"，原因之二是这些服务会造成集权化并且脱离实践，甚至可能造成政策精英的傲慢与自大，因为他们可能认为自己对普通人的需求极为了解。

最后，政府很难处理政治与经济纠合带来的问题，因为政府干预市场、治理市场失灵的决策本身就跨越了政治与经济的界限。针对这个问题，政府部门的标准应对措施是确立行为准则，既约束政治家和政府官员之间的关系，也约束政治家与私人企业之间的关系。私下交易行为要么受到禁止，要么受到密切监控。此外，还要通过法律详细规定政治家与政府官员、私人企业之间合法的接触形式，并限制政府官员离职后到私人部门任职，尤其限制政府官员离职后参与相关行业的政治活动。

这是19世纪自由主义的经典原则，在20世纪得到社会民主运动的大力支持，因为社会民主人士怀疑政治和经济会相互勾结。自由主义渴望保护市场，不受政治家的干预，社会民主则渴望保护政治家，不受企业的影响，二者就这样结成了罕见的联盟。20世纪末期和21世纪初期，新自由主义却完全偏离了自由主义和社会民主达成的共识。因为新自由主义认为，政治与经济的分离产生了一个完全远离私人企业、缺乏市场激励并因此难以实现创新或提高效率的政治和公共管理阶层。

鉴于篇幅有限，本书无法详细考察每一种政府干预行为，及新自由主义对这种政府行为的批评的合理性。我们的研究集中于新自由主义本身在实践中的运用。因此，我们必须转移注意力，考察新自由主义如何从公共服务管理的弊端中得出一系列解决方案，以及伴随这些解决方案出现的新问题。表4.1提出的政府失灵可归结为三个方面：公共部门对消费者需求反应迟钝；公共服务要么过度供给要么无人需求；公共部门不能像私人企业一样，实现效率及服务改进。表4.2列举了新自由主义针对不同类型"政府失灵"提出的解决方案，这些方案构成了新自由主义的市场化改革议程，并辩证地列举了伴随这些改革方案出现的新问题。

表 4.2　　　　对公共服务失灵的市场化策略及相应的问题

公共服务失灵	市场化策略	市场化产生的问题
1. 对消费者需求反应迟钝；供应商利益主导；集权化与脱离实践	1) 私有化，对不能实行完全竞争的领域进行规制	因技术特征的限制，大规模市场化的空间仍然有限；规制仍然是一项重要的公共活动
	2) 在公共部门内部实行市场运作，由绩效引导消费者选择	市场失灵；通过对绩效自上而下的控制产生的信息失灵
	3) 私人供应商和承包商通过公共筹资体系，与公共部门展开竞争	价格机制作用有限；中央部门仍然控制大部分定价；承包商的数量较少；因合约连锁丧失责任感；长期合同抑制市场发挥作用；"内部"供应商的出现
2. 无人需求的服务；缺乏成本意识；较高的税收	4) 内部市场	价格机制作用有限
3. 公共服务远离企业	5) 使用企业标准对政府行为进行考核	公共服务行业完全竞争市场的局限和不适应
	6) 鼓励公共部门与私人部门加强交流，向私人部门学习	"内部"供应商的出现，再次回到政治与经济纠合的市场失灵问题

"公共部门对消费者需求反应迟钝"指新自由主义的这样一种观点：因为政府的决策过程由提供服务的官员和专业人士来执行，所以公共服

务以供应商利益为导向。这些人根据自己的意愿决定提供什么样的服务，却不一定能够满足消费者的需求。这也是一个既脱离实践又带有集权化的过程——在像法国或英国这样的国家尤其如此，因为这些国家的地方政府力量较弱，大多数权力集中在中央部门。此外，公共服务的提供主要是一种垄断性提供，这就把特别重要的权力移交给了供应商。赞成新自由主义的评论家认为，利润最大化导向的私人供应商，其一切经济活动比公共部门的效率都要高，因为它具有满足顾客需求的动机，不会对顾客需求反应冷淡。而公共部门则不同，因为公共部门无须消费者支持也能变得强大（这是第3章弗吉尼亚公共选择学派的观点）。

新自由主义认为，公众需要公共服务，但希望公共服务能够提供更多的选择和更高的质量。支持公共服务市场化的观点则与此恰恰相反，认为公共部门提供了无人需求的服务。如上所述，新自由主义认为，因为公共服务通过税收筹集资金，受供应商利益驱使，所以公共服务存在过度供给的可能。因此，一个更加以消费者需求为导向的制度可能带来的不是更好，而是更次的公共服务。几个看起来好像旨在改善公共服务质量的策略结果适得其反。

例如，一个私人承包商可能通过更低的报价赢得提供公共服务的合同，致使公众只能得到低质量的服务。这一点公众很容易就能理解。政府对各种公共服务进行了市场化试验，以便了解较低质量的公共服务在哪些领域可为公众接受，在哪些领域遭到公众抗议。假如出现后面的情况，政府就会赶紧放弃这种做法。这就证明政府提供的部分公共服务确属浪费，因为没有人需要这样的公共服务。但是，这个问题的另一面也可能出现。例如，一家价格低廉的航空公司为降低机票价格，准备压缩节假日期间短途航班两排座椅之间的空间，也就是乘客的腿部空间变小了，这种做法可能为人们接受。但是，同样的逻辑却不能用于老年护理院。也就是说，减少养老院里人们的活动空间以降低费用的做法可能遭到抵制。这样的方法也可能会通过市场检验，因为假如养老院居住的是一群80多岁的老年人，他们可能鲜有抱怨。或者至少说，抱怨可能只来自那些生活在富裕地区、具有庞大社会关系网络的人群——因为这种地区的人群比贫困地区的人群拥有更多机会和空间表达他们对市场的选择。

关于公共服务过度供给的主张很难在政治上得到支持，但公共部门缺乏提供有价值服务的动力、人们更愿缴纳更低的税金这些观点却是公众的共同心声。假如公众不愿为公共服务埋单，但又渴望得到高品质的服务，最显而易见的办法就是改进效率。近年来政府开始相信改进绩效的最好办法可能来自私人部门，因为私人部门更易受到成本竞争的压力。

针对这些问题，新自由主义的改革策略提供了许多解决方案。如表4.2所示，有些措施可解决内部市场问题，有些可解决公共服务内部的新公共管理问题。不过这些措施及其优缺点，均不是我们本章讨论的焦点。鉴于我们讨论的焦点是政府与私人企业之间的关系，因此我们只讨论新自由主义的改革措施，及其带来的收益与缺陷中与此焦点有关的内容。我们会首先考察表4.2第一列的公共服务失灵和第二列的市场化策略，因为它们提出了相似的问题，接下来是第三列提出的市场化失灵的解决方案。

·市场化的私有化与非市场化的私有化·

在前面的章节，我们解释了市场与大型企业之间产生差异的原因。当我们考察私有化和市场化这两个概念时，我们再次面临这个问题。市场化意味着把商品或服务放置于任何条件的市场，以便出售。就其本身来说，市场化不一定意味着生产方式的私人拥有。例如，许多服务可能长期属于公共产权，有些服务可能由公共机构提供，但消费者需通过购买才能消费。因此，服务的供给质量和数量由消费者愿意支付的价格来决定。或者说，市场化就像组织内部实施的一个过程，不管这个组织属于公共部门还是私人部门。这种情况下实施的市场被称为"内部"市场。各种组织可以选择在不同部门之间分配资源的方式。根据一定的原则和预期结果，再通过和各个部门商讨，组织的领导层可以做出有关资源分配的决策，还可以通过市场力量决定资源的配置。通常情况下是上述二者的结合，即组织的领导层先确定某些指标，例如价格，然后再实行市场化运作。

因此，市场化必须与私有化区别开来，因为私有化指的是把公共部门的资产卖给或移交给私人企业。这种做法可能产生，也可能不产生市场。例如，一项公共服务可以出售给私人垄断厂商，但最终消费者几乎没有或完全没有通过市场行为影响该项服务供给质量或数量的能力，这种情况下的私有化与市场化就有很大差别。赞成私有化的一个重要因素是私有化能让政府吸引私人资本，为大型资本项目筹资，而不是依靠税收或举债。

然而，这样的私有化很难产生真正的市场，寡头垄断和竞争机会有限等问题通常是使这类活动终结于公共领域的重要原因。英国曾经出现过私有化不成功的例子。英国将铁路修建和维护服务卖给一家垄断厂商，实现了私有化，但带来了严重的铁路安全问题。为避免铁路被再度国有化，也为避免垄断带来的市场失灵问题，英国铁路的产权形式设计得非常奇怪。政府创建了一个名为铁路网（Network Rail）的组织，但该组织宣称自己是一家按商业化运作的私人企业。这家企业没有任何股东，其所有利润全部再投资于铁路网的修建和维护。该组织的董事会成员由铁道部和消费者任命，运作受一家规制机构——轨道规制办公室（Office of Rail Regulation，ORR）——的约束，资金由政府担保。轨道服务的提供仍属私有，乘客只对几条繁忙的线路具有选择权。

政府早就认识到这种垄断性私有化产生的市场缺陷，并通过设立机构对相关服务进行规制。规制是政府公共服务部门应对市场失灵的一种经典而"古老"的措施，但现代的规制程序却以复杂的经济模型为基础，力图复制真实的市场，而不是实施官僚规则。因此，私有化通常不是"回到市场"，而是试图在市场与规制之间达成新的妥协。私有化根据市场原则实现私人产权，同时政府对私有化后的产业实行一定的规制，这表明政府机构的作用在持续加强。

这些私有化服务的用户极少注意到自身身份的转变。政府通常与垄断性的私人供应商达成提供服务的契约，消费者就像过去使用传统的垄断性公共服务一样,使用这些已经私有化的服务。因此,这里的"客户"不是最终使用者,而是政府。假如政府在缔结合约的时候,其中一个目标是达成有利的交易条件,则作为纳税人的市民就会获益,因为这些服务的成本,也就是市民必须承担的税收负担会降低。但是,作为消费者的市民可能得不到任何好处,甚至可能发现一家大型企业和一个中央政府机构之间达成的便利合同完全不能满足他们的需求。尤其是,公共服务供给的形式主要是集权式,不考虑各个地方的特殊需求。当然,按照芝加哥学派的观点,这种集权式可以实现效率,从而提高整个社会的财富,以及整个社会的消费者福利。假如消费者认为,他们更偏好效率稍低的本地化服务,就会有人教训他们说,他们根本不理解怎样做才符合自己的最佳利益。由于消费者不属于政府与契约厂商之间关系上的任何环节,而且根据新自由主义人士的观点,服务的供给不应该涉及政治,所以事实上消费者的意见无人问津。

英国政府于 2008 年实施的一项政策是这方面的一个很好例子。2008 年,英国政府颁布政策,分区域建成大型医疗中心或"综合医院",吸引分散在城市各个角落的全科医师(GP)前来工作。英国的小型医院可以为一些病情严重的病人提供医疗服务;英国的全科医师的大部分工作则主要是治疗老年人、穷人以及家有幼童的成年人的一些小毛病。全科医师距离病人的家很近,可以避免病人长途跋涉的辛劳,这是英国医疗服务被人高度赞誉的一个特征。英国全科医师模式的出现甚至比国家医疗服务体系(NHS)还早,但令人吃惊的是,即便是在国家医疗服务体系发展史上的高峰时期,全科医师模式也从未被弃用——虽然市场化的拥护者常把英国的国家医疗服务体系讽刺为一个高度集中、高度计划的领域。私人拥有的卫生服务公司喜欢为病人提供全科医师上门诊治服务,并因此获得了许多诊所的经营权,实现了全科医师的大规模集中经营,隶属于国家医疗服务体系之下的全科医师集团(即前述吸引全科医师前来就业的大型医疗中心与"综合医院")简直无法与之竞争。英国政府一直渴望在医疗服务领域"形成市场",并多次咨询企业,什么样的组织形式才能吸引它们进入医疗服务行业。

·共用公共筹资系统，与公共部门展开竞争的私人供应商·

表 4.2 的第二个市场化解决方案仅限于公共部门之间的竞争（例如，公共机构运营学校和医院，公众根据学校和医院的优劣进行选择），因此不是本书关注的对象。本书关注的是一种更加激进的形式，即邀请私人供应商与现有的公共部门一起竞争。引入私有化成分可以为公共服务注入新的资本，同时也可以为公共服务的提供带来新的思路。私有化的想法最初被认为仅适合制造业、公共事业及部分在政治上不太重要的小型福利服务。但到 20 世纪 90 年代末期，这种观点在许多国家出现了变化，政府开始采取新的策略，即在公共服务内部通过市场化实现消费者选择。

1997—2010 年间，英国先是由工党执政，随后上台的是保守党/自由民主党。它们都采取非常激进的措施。到了 21 世纪初，英国工党已经放弃某些服务需要由公共部门提供的思想。这种思想曾经以下述假定为基础——公共服务职业道德的存在，为医疗服务这样的公共服务供应商提供了远胜于利润最大化的动机。就像其他党派的政治家一样，工党的领导人逐渐把公共服务供给不足视为公职人员的过失，尤其是在公共部门任职的专业人士的过失。对于更信仰新自由主义拯救措施的偏右党派来说，公职人员总是非常小心、谨慎，因为他们的工作环境缺乏市场激励，不能保证他们对消费者的偏好做出快捷的反应。偏左的党派更愿把公职人员视作他们自己的选民，但对相对优越的职业精英通常持不信任态度，因为他们认为这些职业精英傲慢而自大，看不起消费者。朱利安·勒·格兰德（Julian Le Grand）是英国工党在 2006 年执政期间一位著名的社会政策专家，也是首相的医疗政策顾问。在他看来，古老的职业模式要求公众相信，一切从业者都有"骑士精神"，公众完全可以相信他们将会出于职业奉献精神，尽最大努力为人们服务。但是，勒·格兰德认为，几乎没有人是十足的骑士。人们最好持谨慎态度，不妨把别人都视作潜在的"不义之徒"——只有在得到经济利益的激励时才会好好表现。接受这种思想意味着，只要可能，就必须在供应商和消费者之间建立起市场联系，取代对职业道德的依赖。

职业道德不同于公共服务道德。从历史上来看，前者部分发源于私人提供的服务，目的是制约各种由限制竞争的行业规则和法律条文带来的市场力量。关于职业道德的目的是保护消费者免受追求利润最大化目标的专业人士的盘剥（例如，医务工作者和牙科医生常常坚持让病人接受一些不必要的治疗，目的是让病人多掏钱），还是使专业人士能够随意地盘剥消费者，一直存在争论。在福利国家出现之前，政府负责各种行政事务、为国民提供军事保护，并负责提供另一类完全不同的服务——宗教服务。随着不断发展，福利国家把几种专业服务——主要是教育和医疗——也纳入公共服务领域，保障了大部分人的利益。20世纪中后期逐渐出现了一种混合的专业公共服务的概念。许多政治党派或认为这类服务可作为追求利润最大化目标的私人部门的替代品，或认为这类服务的提供具有优越于私人部门的动机，偏左党派尤其如此。这种观点受到勒·格兰德和其他新自由主义政策专家的挑战。

勒·格兰德认为，与其相信所有人都有"骑士精神"，倒不如怀疑他们是"不义之徒"。接受这种主张就会得出下列观点：针对任何行为，利润动机的影响一定大于任何所谓的道德基础。对勒·格兰德本人来说，这种主张的主要应用是在公共服务内部建立市场，实现消费者选择。但从逻辑上来看，这导致政府偏爱私人供应商，因为私人供应商已存在利润动机，不用再费周折。

通过鼓励企业进入，可以在缺乏市场的政策领域形成市场。地方教育部门获准通过招标方式修建新学校，但前提是没有私人承包商愿意这样做。在医疗服务领域，地方信托基金被要求招募新的供应商，以便和本地已有的医疗机构展开医疗服务竞争。英国政府还与美国和其他国家的医疗服务企业密切合作，寻求鼓励私人企业进入国家医疗服务体系的途径。在一个更大胆的举措中，"新模式"计划鼓励公共机构向私人企业描述工作细节，吸引后者积极参与投标，从公共机构手中接管有关的公共服务。

不存在市场的领域需要"形成市场",这个逻辑证明了上述活动的合理性。从客户与供应商的关系来看,这种活动产生了一种比较奇怪的"消费者主权"的概念。实际上,政府与其他公共机构正在请求企业"把政府变成它们的客户"。因此,从这些条款形成的市场中获益的不是公共服务,也不是公共服务的使用者,而是公共服务的供应商。

直到现在,英国政府和其他坚持相似观点的政府一直实施免费提供某些公共服务(或仅限于支付名义成本)的政策。在市场化的公共服务领域(不管由公共部门还是由私人部门提供),消费者可以做出选择,供应商根据消费者的选择获得收入,但埋单者不是消费者而是政府。这就限制了消费者作为真正的"客户"的权限。除此之外,还存在一个问题,那就是符合公共医疗和教育政策要求的大众服务不能立即对私人企业产生吸引力。在真正的市场,任何厂商的策略都包含一个重要部分:寻找利基市场。也就是说,在真实市场,不仅客户选择供应商,供应商也会选择客户。假如企业没法选择客户,它们就需要慷慨的、长时间的合约作为激励。事实上,长期合约常常被证明是非常合理的。对任何地区来说,提供教育服务或监狱服务的企业每年更换一次是极不现实的。

然而事实是,一旦政府与私人供应商缔结契约提供服务,就保证了对这种服务未来数年时间的需求,这就给企业提供了极为有利可图的卖方市场。在全球市场竞争变得日趋激烈的今天,公共服务合同对私人供应商极有吸引力。这也显示政府或国际组织中的私人企业代表承担着游说公共服务私有化的重大责任。当然私人企业代表的游说工作如此成功,以致欧盟和世界银行及其他的国际机构,现在都坚持政府必须向私人营利机构开放公共服务。

英国政府对此做出积极回应,建立起公司合伙制企业(PPP),在英国通常称为私人融资活动(private finance initiative,PFI)。政府这样做的一个重要动机是为政府认为重要的建筑项目——如新学校和新医院——融资,从而避免因为增税或增加政府债务影响财政预算。私人部门通过为有关项目融资,因此拥有这些项目的产权。虽然 2008—2009 年金融危机过后,企业在理论上依然承担资本运营风险,但英国政府迫不及待地为所有的 PFI 合约承担起金融风险,因为政府担心企业失去对

PFI 合约的兴趣。（想想政府对企业的请求："请接受我们作为你们的客户吧。"）

PFI 企业可以把资源回租给公共部门，租金在租期内付清。在这段时期，项目由企业和有关的公共部门共同经营，但这种做法刚性太强。例如，假设一家医院或一所学校通过 PFI 项目筹资建立，则有关的公共机构在接下来的 20 甚至 30 年里，都很难改变这个项目的用途或组织结构，因为最初的契约一般都规定了合同项目的目标。由此可见，只有在缔结合约的那一刻，"市场"才发生作用。缔结合约后产生的是较长时间内不受市场力量制约的、比较刚性的私人垄断。

如同许多私有化一样，长期的 PFI 合约一方面限制了市场的作用，一方面又产生了大量的私人企业。这一点再次证明，新自由主义政策偏爱的是企业，而不是市场。缔结合约后，作为合约甲方的政府机构失去了在合约期内行使客户权利的机会，而市场上的最终消费者或服务使用者也不见得能够行使选择权。私人承包商的客户是签订契约的政府机构，因此与消费者没有市场联系。从另一方面来看，因为公共机构不再负责提供具体的服务，所以公众也难以对公共机构提出自己的主张或要求。假如公共服务被层层转包，则来自使用者的投诉或抱怨可能需要律师出面，才能厘清企业不同合伙人之间的合同义务。这个问题在英国铁路私有化的早期阶段就出现过——在一次貌似与铁轨维护不良有关的火车脱轨事故之后，人们很难确定在一系列的契约链条上，到底谁该为这次事故负责。

因为市场仅存在于契约磋商和缔结之时，所以契约签订之后的日常服务供给就不再受市场力量的影响，结果就出现了一群业务庞大到覆盖各种公共服务的企业。例如，有些企业最初是修建公路的合同商（其客户几乎全部是公共机构），后来变成了当地政府的行政支持服务供应商。这些企业的核心业务是赢得政府的合同，至于提供什么样的服务，它们并不关心或在意。它们之所以如此成功，不仅是因为它们知道怎样竞标，怎样完善合同形式，而且还因为它们已经和各级政府官员及政治家建立起了密切的关系。我们将在下面考察这一点。

这些试图融合私人部门和公共部门运营方法的努力产生了一个更进

一步的，但相关度更低的问题。尽管公私混合经营的市场通常极不完美，但提供的服务却与人们的日常生活息息相关，因此对这种市场必须进行规制。事实上，公众依然期望政府参与服务的供给。根据新自由主义理论，这种情况不应该出现。政府和供应商在契约中的关系是委托人和代理人的关系。在缔结契约之前，委托人在招标文件中详细说明标的任务，邀请潜在供应商投标。各个投标人可能无法从委托人代表处获得内部信息，也无从得知彼此的标价。委托人在一个规定的日期开标。接下来，委托人可能和少数几个投标人进行比较详细的磋商，然后确定中标企业。委托人也可能根据过去的经历，选择偏好的供应商，这种做法能够确保委托人和供应商都能从过去的经验学习中获益。委托人偏好的供应商需要接受定期审查，以免彼此之间建立起过度亲密的关系。最后，委托人会在合同中详细规定需要完成的任务，代理人完成合约后即可得到预先确定的报酬。合约可以修改，但需要详细说明，并得到正式的确认。

通过这种方式签订的合同能够避免腐败，因此是政府和供应商之间理想的契约形式；假如委托人的代表与某些供应商发展起特权关系，腐败就会出现。通过这种方式签订的合同也在较大程度上利用了市场的力量，因为有许多供应商参与投标，彼此之间竞争激烈。此外，中标的供应商必须履行自己提出的条款。如果委托人的代表和代理人之间存在比较亲密的、持续或非正式的联系，就会使这种合约的市场力量大打折扣。从理论上来看，这些规则适合私人部门一切合约的缔结，也是公共部门缔约合约必须遵守的规则。如果一家私人企业喜欢和关系密切的企业合作，并允许自己的职员和少数供应商发展起亲密的关系，这家私人企业就会变得低效，并最终受到市场的惩罚。同时由于公共部门不受市场的考验，因此可能存在无限亲密的，甚至腐败的契约行为。

上述看起来理想的契约规则存在的问题是，它们在私人部门并不适用。其原因之一是公共部门时常存在腐败，这些规则无人买账；原因之二是如果公共部门严格遵守上述规则缔结契约，则不会利用企业通常使用的花招去避开正式合约的刚性约束。但若公共部门不遵守上述缔结契约的规则，腐败风险就会转化成现实。

第 4 章　私人企业和公共事业

正式的合同模式存在的问题是，它不能适应经常调整的需求，也无法解决任何复杂任务必然存在的默示条款。人们不可能提前在合约中详细规定合同生效后可能出现的全部问题，也无法避免合同意外的发生。奥利弗·威廉姆逊（Oliver Williamson）在研究上一段描述的这种现象时，发现委托人和代理人的代表在解决复杂任务时，常常对立成互不合作的单位，忘了他们只是在理论上站在不同的立场，实际在为同一项任务工作。威廉姆逊还发现，委托人和代理人的代表为了完成合同规定的任务，不惜在一定程度上修改最初的条款。

当政府成为委托人，私人企业成为代理人时，这种情况同样会发生。例如，私人企业可能与政府签订契约，取得原属公共产权的轨道设施数年的运营权。私人企业的员工和有关公共部门的职员之间必然存在大量的交流——或者说更有可能出现的情况是，建立一家规制机构监督轨道的运营。这个过程可能产生明显的效率收益。但是，当其中一方为政府或公共机构，则对合约做出的任何调整不会像私人企业那样，受到严格的利润率影响。尤其是，这种调整已经完全不同于一家私人企业按照其供应商（比如另一家私人企业）的建议，对初始计划进行的调整——这是由一家私人企业做出的，对公共政策的改变。

合同的默示条款隐含着不同的问题。代理人不仅在合约中列明反映其市场竞争地位的价格和经营行为，而且还给合约带来了使自己获益的外部性。例如，假如一家供应商与一群绩效良好的企业建立联系，即便没有刻意要求，它也可以获得彼此之间潜在信息交流带来的好处。现在，这些网络效应并没有明确地出现在合约中，但它们确实对供应商能够提供的货币价值，及对合同本身的完成做出了贡献。然而，假如默示条款按其定义，不能进行公开的度量，委托人如何评估它们带来的货币价值是实在的还是虚幻的呢？假如一家企业成为网络链条中的一环，我们可以相信默示条款带来的货币价值是真实的。但如果令供应商获益的外部性仅是供应商在过去积累的如何赢得合同的经验呢？如果这种外部性并不是供应商提供的一笔实在的、合算的交易，而是供应商知道如何对付（这也许是非常文雅的说法）委托人的代表，或者更简单的，仅在于知道如何巧妙地起草合同，就能带来的若干好处呢？这些企业的核心业务是赢得政府的合同，而不管从事什么样的实质性活动。这种技能可以帮助企业不用提供任何服务改进，就能赢得合同。这种情况确实在纯粹的私人部门的合约中出现过。假如委托人是政府部门，由于缺乏市场的制约，那么出现这种情况的风险就更大。

以上就是表4.2第3条载明的，新自由主义批评家提出的公共服务的第三个弊端——远离企业。

· 远离私人部门 ·

根据古典的公共服务原则，政府官员与私人企业之间必须保持一定的距离。这样做的部分目的是保护市场，以免政治家或行政人员通过帮助"友好"企业对市场造成扭曲，其最终目的是防止腐败。实际上，这是一个与自由市场信仰密切相关的概念：为保证市场平稳运行，政府官员和私人企业之间不能存在任何相互干预的活动。但是，这样做的一个后果是公共服务逐渐落后于私人部门的发展，因为私人部门具有竞争压力，需要不断改进工作效率，而公共部门则不用。对此，政府主要有两种做法。

第一种做法是促使公共部门像市场上的私人企业一样运作。表4.2列举了许多鼓励措施，如形成内部市场、在各个单位之间引入竞争，以及最常见的做法——对公共服务组织和人员进行绩效考核等。此外，还包括引入委托人（政府官员）和代理人（公共部门的高层管理）模式——一个源自新自由主义的企业概念。按照委托—代理模式，委托人（股东）要求代理人（企业的高层管理）实现股东利益最大化。不过，将公共服务比作股东利益最大化存在一个问题。假如政治家是委托人，那么他们的最大化策略旨在获得选举成功。因此，简单一点来说，"选票"就是他们的股东利益。但民主的运作与利润不一样，因为民主不像利润可以使用单一的指标来测度。民主需要政治家、政府顾问，及其他的舆论机构来进行不断的诠释。因此到最后，职业道德和公共服务道德不是被市场所取代，而是被政治家的道德和私人部门管理人员的道德所取代。

由此产生了一个非常重要的问题：公共政策的市场化战略想要努力使公共服务远离纷争，远离艰难的政治选择，但这些努力却总是失败，因为政府官员依赖专家顾问制定的政策不一定满足人们生活的需要。从企业来看，一系列"我们为什么要这样做"的问题可能止于"因为它可以最大化利润"这个答案。但这种简单的做法不能解决引起广泛争议的公共服务问题。21世纪初，经济学家们发现，这些问题的最终"答案"似乎在于政治学。总的来说，政府或政治阶层发现他们很难控制社会舆论，这就限制了他们模仿私人企业的能力。但是，人们可以理解，政治家为什么喜欢限制社会舆论，为什么乐此不疲。

政府的第二种做法是我们更加关注的对象，这就是鼓励公职人员和私人部门的员工进行密切的交流，使前者向后者学习。在实行这种战略的初期，人们认为公职人员和私人部门的员工之间需要一个保护层，但慢慢地，这种思想被放弃了。私人部门的顾问被吸纳进政府部门，不仅为政府提供建议，而且为政府设计政策，并在政府采购中推荐他们自己的产品。这种情况时常发生在许多电脑系统的政府采购环节。美国医疗企业的员工在英国的卫生部担任咨询职位，目的是帮助私人企业在医疗服务中发挥作用。政府人员与私人部门之间的交流不仅限于雇用私人企业员工做顾问为政府工作，而且还表现在政治家和公职人员卸任后为私人企业担任顾问，利用他们与政府的关系帮助企业赢得合同。

英国早期曾禁止公职人员参与企业活动，但在一段较长的时期后，这项规则就逐渐放松了，目的主要是加强公共部门和私人企业专业知识的联系。例如，前英国卫生部大臣帕特里夏·赫维特（Patricia Hewitt）卸任后在两家企业获得带薪的顾问职位。其中一家是英国主要的医药连锁企业Boots，另一家是私人资产管理企业Cinven，前者准备在连锁店开发GP服务，后者兼并了许多私人医院。负责安全服务的前内政大臣约翰·雷德（John Reid）离职后成为安全服务企业的顾问，以帮助企业获得政府合同。

这些做法和市场化是相互矛盾的。一方面，通过向私人部门的个人和组织寻求建议，政府试图接近市场导向的行为模式；另一方面，政府这样做，其实冒着弱化市场功能的风险。政府官员和个别企业之间的关系太密切，将会导致一群具有特权的内部企业建立起进入壁垒，将不属于这个圈子的企业排除在外。也许截至目前最明显的例子是美国布什政府在阿富汗战争和伊拉克战争期间将许多军事活动和石油开采活动外包给私人企业。出于保密的需要（当然这只是部分原因），许多大型合同的缔结都没有通过竞争性的招标过程。在这些供应商中，最惹眼的是美国副总统理查德·切尼担任主席和执行总裁的哈里伯顿公司。另一家名为黑水（Blackwater）的军事服务企业，其90%的收入来自美国政府的合同，后来因被伊拉克政府指控腐败和其他不当行为而被该政府禁绝。现在这家企业已改名为艾克谢（Xe）。

让我们回到新自由主义思想的根本困局：新自由主义主张减少政府对经济活动的干预，但却鼓励政府与企业相互合作，或为政府与企业的相互合作提供空间。新自由主义的许多政策为自由市场和公共机构的公正运行带来了严重的问题。

·结　论·

本章的论述给我们留下了三个令人不安的结论。第一，虽然新自由主义批评家确实看到了古典公共服务存在的真正问题，但其矫正措施却时常被证明带来了新的问题。例如，许多市场化和私有化战略的目标之一是削弱公共服务机构的权力，但结果却导致私人供应商权力的膨胀。

我们可以从私有化经历中学会怀疑那些兜售万灵药的人，即那些向我们"兜售市场"的人。他们就像早期的社会主义者，认为公有经济产权可以让我们远离一切人类罪恶，但结果却不是这样。政治家与政府顾问想要找到简单的、适合一切情况的万灵药，用来解决不断出现的问题。他们渴望找到一种内在持续的政策措施，用来解决难以预料的新问题。这是他们解决复杂的、危险的任务最为迫切需要的。但这些万能的方法，不管是哪一种，只能提供一时的正确答案，因为所有的政策措施总是伴随特有的弊端或失灵。

第4章 私人企业和公共事业

　　第二个结论与本书的核心主题有关：企业在政治中起着令人不安的作用。政治讨论常围绕"政府与市场"展开，而企业的支持者和批评家都爱把企业比喻为市场。但我们现在已经明白，事实不是这样。市场并不总是需要企业，反之亦然。除了上一章我们考察过的芝加哥学派令人不太满意的反垄断政策之外，我们还进一步看到，新自由主义不能给企业提供一套完整的阐述方法。由于芝加哥学派利用了"消费者福利"这个词语为企业粉饰，所以公共服务市场化的思想得到了广泛运用，结果就是公共服务消费者的权益时常不明不白，但供应商获得的好处却是显而易见的。新自由主义对公共服务的一个激进措施是把公共服务全部搬入市场，政府完全退出，消费者自己为服务埋单。这种做法已被证明不可行，因为大多数选民不会支持废除普选权全盛时期建立起来的公共服务。但是，到目前为止，还有一个更深层次的因素未加讨论，这就是，普遍需要的公共服务是由政府而不是由各个消费者的选择来解决成本问题的，这为那些专门获取公共事业合同的供应商提供了相当安全的市场。例如，在美国，奥巴马政府的医疗改革已经走形。按照修改后的方案，企业为员工提供的医疗保险计划部分是强制的，部分受到政府补贴。

　　假如企业与政府的关系是企业影响政府，而不是政府影响企业，则二者关系密切就会带来严重的问题。新自由主义者竟然看不到这一点，简直与自由主义奉行的政治和经济传统大相径庭。新自由主义在此犯下的第一个错误是没有意识到企业试图准确地影响政府，因为随后它们就能让这种影响反作用于经济，为它们提供特殊的优惠。

　　当新自由主义者批评政府与个别企业之间存在密切的、阻止竞争的不当关系时，他们看到了一个非常简单的补救方案：让政府对经济活动放手不管。根据纯粹的新自由主义教条，因为政府不愿卷入企业的经营活动，所以无须担心政府与企业之间出现不健康的关系，而且政府的每一种规制措施都可能导致政府与企业之间的不健康关系。尤其是，除规制之外，解除规制和对规制的抵制，也都会使政府与企业之间产生不当的关系。20世纪90年代，解除规制导致金融市场不负责任的发展，这本身就是银行利益集团大肆游说美国国会和美国政府的结果。美国政府不愿参与医疗服务的提供，这是美国与世界上大多数发达的民主国家的不同之处，也是美国政府遭到大量利益集团游说的结果。

最后，除最极端的新自由主义者之外，其他的新自由主义者都认为，市场效率不是人类的唯一目标，民主国家有权设立其他的目标和参量。但这个过程似乎需要政府插手市场行为，这样就会影响到市场的良好运行。然而除政府之外，人们很难再找出其他可以解决严重外部性，又涉及公共物品和准公共物品问题的机构。因此，政府总是介入私人企业占据的，或潜在占据的领域。反过来，人们必然预料到企业将会利用经济活动中掌握的资源游说政府，干预政治活动，确保政策有利于它们的经济活动。将公共服务由政府直接提供转变为外包给私人企业，只会大幅度开放政府与企业勾结的范围。

在第6章，我们将会讨论活跃于政治舞台的企业给民主国家带来的问题。但我们首先得在第5章考察新自由主义针对政府行为的另一种截然不同的替代方法。这种方法很难保障公共利益，但却为房地产金融商和二级金融市场上的交易商创造了巨大的收益。

第5章

被私有化的凯恩斯主义：债务取代了戒律

我们在第1章讨论过 2008—2009 年的金融危机。尽管这场危机被看成是一次巨大的市场失灵，但也有人指出，这场危机的发生完全是因为市场模式中的某些要素日趋精益，以致威胁其他要素正常发生作用而造成的。这个过程可描述如下：私人企业面临的最大问题是不确定性，即无法预知那些可能破坏企业计划的风险，但市场对此有解决方案。对许多形式的不确定性来说，人们可以计算最糟糕的情况发生的可能性，然后再计算此不确定性发生的概率及经济意义，把不确定性变成可计算的风险。这样，人们就可判断承担该项风险的经济价值，这就是保险的一般原理。接下来，就可以买卖风险了。交易商把不同的风险进行复杂的组合，并通过更多地承担不会真正发生的风险，更少地承担最糟糕的风险而获利。这是一种对创新和企业经营至关重要的市场活动，没有这种活动，我们就会变得更贫穷。

不过，风险交易商不会坐等他们购买的风险变成现实，而是将其转卖给其他交易商。他们并不关心贷款的实际风险，而是关心在二级市场能够筹集多少资金。风险的交易价格取决于在交易商看来，风险可能购买者判断的风险价值有多少。当然，这一切以初始风险的计算为基础。需要指出的是，此处形成计算基础的风险价值是一级交易商关于潜在二级交易商对风险价值判断的揣度，而不是一级交易商自己对风险价值的判断。因此，二级市场的交易本身是良性的，因为通过分散风险，它可以减少任何单个风险承担者承担的风险。

从 20 世纪 80 年代后期以来，这些二级风险市场发展迅速，形成一系列的连锁交易。处于链条上的第二个交易商根据他对第三个交易商愿意支付的价格判断，确定自己向第一个交易商购买风险的价格。第三个交易商根据他对第四个交易商愿意支付的价格判断，确定自己向第二个交易商购买风险的价格。如此类推，后一个交易商支付的价格会比前一个交易商支付的价格略微增加。

如下两个因素导致这些链条变得很长很长。第一，经济全球化意味着越来越多国家的财富持有人可以参与风险交易。这是一个不断扩张的市场，因此当越来越多的经济主体愿意分担风险的时候，任何一个风险参与人承担的风险都在减少。这一点看起来也是良性的。

第二，受美国和英国为首的国家实施新自由主义改革的影响，世界上大多数地方的金融交易规制逐渐放松。1929年华尔街股市崩盘。不久，罗斯福政府在1933年通过了《格拉斯-斯蒂格尔法案》（Glass-Steagall Act），限制零售银行利用客户存款参与高风险交易活动。1999年，美国通过《GLB现代化金融服务法案》（Gramm-Leach-Bliley Financial Services Modernization Act），使零售银行可以利用客户存款参与高风险交易。这一举措标志着美国立法史上的重要变化，也是新自由主义解除规制计划中的一个基本组成部分。《格拉斯-斯蒂格尔法案》的废除为高风险交易商利用成百上千个毫不知情的储户的存款提供了机会，对市场的良性运行造成巨大的威胁。

风险的交易速度越来越快，市场上的一系列交易使交易价格与初始风险判断之间的距离越来越远。假如这种扭曲仅仅代表个别参与人对价值判断的差异，对市场就没有影响，因为对风险的乐观评估可能正好与对风险的悲观评估相互抵消。反之亦然。但实际情况却是，整个市场上弥漫着强烈的乐观主义情绪。金融体系在持续发展，风险分布到更加广阔的领域，整个体系变得非常强大，牵涉到世界上巨大的财富——这已被证明是根本的影响因素，因此，如果最糟糕的情况发生，市场风险被证明远远高于任何人的预期，则全世界的政府都不得不采取措施进行干预，以挽救整个体系。更糟糕的是，银行构筑的风险一揽子计划，将非常安全的贷款和不安全的抵押贷款按模糊不清的比例混杂在一起。购买这些风险组合的交易商对审查这些风险如何组合在一起毫无兴趣，因为他们相信其"前手"做出的价值判断。交易商就这样通过价值判断的无限倒推，确定二级市场的价格。

在这样一个体系中，通过快速交易可以挣到大把大把的美元。每当有人能够以比购买价格稍高一点的价格出售风险时，他就可以获利。然后用所得的收入购买另一个风险，再迅速地将它卖出去，这样就可以赚更多的钱。为银行工作的交易商获准使用数百万客户的存款和投资，使市场更加活跃。他们的交易绩效决定了他们自己能够得到的红利。交易商买卖风险的速度越快，其得到的红利就越高。红利的激励促使他们不断加快交易速度。

可以肯定地说，二级市场的价格变得比初始的风险评估更为重要。鉴于二级市场已经变得更加重要的现实，因此，二级市场做出的评估可以替代一级市场的资产价值评估。关于二级市场的风险交易是否能够反映原生资产的"真正"价值，这种问题现在已经毫无意义——因为二级市场体现的价值才是真正的价值。就像赛马场赌马一样。在比赛开始之前，跑道上不见任何马匹，此时的赌注只能反映赌徒们对不同马匹获胜概率的评估。最终，评级机构——一群通过理论模型对银行或国民经济进行风险价值评估的企业——开始基于二级市场的表现确定不同资产的等级。虽然在理论上，信用等级代表对风险价值独立的、不同的判断，但到最后，企业的会计体系也被改变了，结果，会计师评估企业的资产价值时，所用指标不再是企业的劳动力、资本、市场的价值，而是这些资产的股市价值———种依赖交易商的信念而形成的价值。

从一个方面来看，这是世界上迄今为止市场力量的最完美表达。企业资产价值或风险规模的估算，由非常完美的市场而非专断的人类判断来完成。市场风险的分摊使许多重要的风险企业可以在"现实"的经济中筹集资金，加强无数人的购买力。但是，从另一个方面来看，这些同样完美的市场过程正在破坏一个良好运行的市场上的其他一些重要的组成部分。就像某些慢性消耗性疾病一样，患者的某些器官极度活跃，其他器官的功能受到破坏。如果回顾一下上述过程，我们就会注意到，首先，交易商具有无视信息的动机，因为他们的注意力已从一级市场的风险价值转到二级市场的风险价值。其次，这一体系鼓励过度的乐观主义。股票市场对潮流和情绪变化非常敏感：假如某一种资产被认为可能盈利，则人人都想购买这种资产；假如有谣言动摇了这种观点，则人人都想抛售这种资产。虽然从长期来看，市场最终可以做出自行调整，但在这种调整发生之前的很长时期里，价格都是高度扭曲的。因此，当调整发生之时，市场往往受到激烈的、严重的冲击。市场对价格扭曲的调整是渐进的，因为理性的市场主体可以适应正在变化的市场状况。但是，市场繁荣时迫不及待地参与，萧条时迫不及待地退出，这是一种疯狂的行动逻辑。金融市场的历史并不是长期平稳调整的历史，而是连续的危机史。单看2008—2009年金融危机之前的十年，就出现过1997—1998年亚洲巨大的债务危机，1999—2000年的网络泡沫和2002年的阿根廷危机。

第三，过度乐观的一个重要因素是过去的经验使交易商们相信，政府绝对不会让市场崩溃，在市场出现危机时必然施以援手，补偿过度交易造成的损失。正如马丁·沃尔夫（Martin Wolf）在《金融时报》的评论［另见马丁2008年的著作《管理全球金融》（*Fixing Global Finance*）］，银行已学会如何将收益私有化，将损失社会化。当市场行情看好，它们就会疯狂参与交易，谋取丰厚的利润；但如果市场突然出错，政府就会出手施救。银行确信政府会在未来为它们注资，然后再通过削减公共服务支出为援助计划融资，结果就使它们敢冒比以前更大的风险。政府曾试图拒绝接受这种变相的敲诈——如美国政府任由雷曼兄弟破产——结果市场反应极为强烈，政府随后不得不提供了极为慷慨的援助。当银行对未来的风险进行估算时，这种再一次得到加强的政府救助信心使它们愿意投入比以往风险更高的经营活动。有人说，银行家创造了利润，创造了财富，并使所有人都从这种财富创造中得到了好处，因此银行家应该得到政府的回报。但是，当银行家的利润依赖于政府的支持，不再属于创造利润的经济活动，当然也就不能算作创造财富的活动了。银行家的经营行为本该受到真正自由市场的惩罚，但最后政府与纳税人为这种行为埋了单。政府与纳税人却并未因此得到任何补偿。

第四，这种市场体系使人怀疑风险共担模式有利于创新和企业发展这样的观点。真实经济中的企业——其业务是制造商品或提供服务，让消费者购买和消费，而不是让顾客购买后再将其转售——这需要时间和金钱才能将新的项目变成现实。开发新的方案、评估市场机会、筹集资金生产产品、再将产品出售给消费者,这一过程需要漫长的时间。在这段时期,企业经理人需要股东耐心地等待,才能获得产品上市成功给他们带来的股息。股东是否愿意等待,取决于是否存在一个活跃的股票市场,使股东们一旦发现新产品不能取得成功的迹象,就能迅速地抛售手中的股票。如果他们觉得难以及时退出,就不愿承担风险。因此,股票市场不一定是创新的敌人。但是,21世纪初二级市场的发展却达到了这样一个程度,即股东们只对市场上的股票交易价值感兴趣——如前所述,这些交易价值已经远离现实经济,只依赖于对项目获利机会的短期评估。利用信息技术的最新成果,银行可以在几分之一秒的时间里完成股票的买卖活动,这是一个完全由计算机驱动的过程。

·股东利益最大化模式的含义·

上述金融推动的资本主义形式的崛起与盎格鲁—美国企业股东利益最大化概念有关。这一概念不需要二级风险市场的存在,但二者的并存却出现了重要的后果。在股东利益最大化模式的影响之下,企业的唯一目标是最大化股东的利益,一切其他的利益都不再重要。这种思想好像与资本主义经济"顾客就是上帝"的口号互相矛盾。顾客与股东怎么能同时变成"统治者"呢?答案是这样的:在完全竞争市场,企业最大化股东利益的唯一途径是满足顾客的需求,因为使顾客失望的企业就会在生意上输给把顾客放在首位的竞争对手。结果,前一种企业的股东就会看到次优的结果。股东利益最大化就这样保证了顾客的"统治权"。假如市场并不完美——如厂商可以利用顾客难以获取完全产品信息的困难——芝加哥经济学派对此也有完美的讲说:最大化股东利益就能最大化整个社会的财富,从而实现消费者福利的最大化。我们在前面已经讨论过这一点。

股东利益最大化并不是现代资本主义进行企业管理的唯一方法。例如,法国、德国和日本在发展资本主义的同时,都关注利益相关者的利益。企业的利益相关者指除股东之外，与企业具有直接利益关系的其他人员，他们主要是：雇员、债权人、当地社区或者国家。20世纪90年代，盎格鲁—美国模式宣称自己是新自由主义的最完美模式，比其他任何模式都更优越，凌驾于其他模式之上。盎格鲁—美国模式的优越性部分基于当时表现良好的美国和英国经济——我们现在已经知道，这其实是臭名昭著的风险交易方法造成的一种假象。盎格鲁—美国模式宣称自己更优越的第二个原因是：利益相关者导向经济依赖于对本地社区的了解，企业通过植根于它们服务的社会，使社会上的人们（或正确或错误地）相信这种模式可以带来不同利益的博弈；股东利益最大化模式更能适应"与陌生人打交道"的全球经济的需要，因为按照这种模式，只要市场是完美的，与陌生人打交道既是一种可能，也是一种必需。按照这种模式，企业无须融入当地的经济，也无须得到个人的信任。利益相关者模式被证明是一种本土经济，不适合全球经济。因此，股东利益最大化模式占据了上风，实现股东利益最大化就能保证其他利益相关者得到满足的思想也获得了胜利。

在美国资本主义的历史上，股东利益最大化模式的崛起是对前一段时期管理资本主义*的回应。从20世纪30年代以来，在1929年股市崩盘后，美国经济逐渐受到大型企业集团的主导。股东——那时候主要是富人集团，不一定是消息灵通的阶层——对他们持有股票的企业没有太多了解，因此常常顺从高层管理者的意见。人们常常怀疑高层管理者构筑大型组织的动机是为获得更高的薪水和满足自己的虚荣心。到20世纪70年代，经济学家们提出所谓的"委托—代理问题"（principal-agent problem）：在什么样的情况下，委托人（即股东集团）才能相信代理人（即高层管理者）不会牺牲所有者的利益来满足自己的利益呢？答案似乎在于企业管理改革，即将股东利益放在最重要的位置上。事实上，盎格鲁—美国模式的企业在法律层面上只不过是一堆股票票据——不像德国人的企业，后者在法律上被视为"属于"更广泛的利益相关者。

---

* 管理资本主义，指后文中管理层在企业中居于主导地位的资本主义形式。——译者注

第5章 被私有化的凯恩斯主义：债务取代了戒律

迈克尔·杰森（Michael Jensen）是哈佛商学院的一名教授，也是股东利益最大化模式的主要倡导者。他的著名言论再次说明了盎格鲁—美国模式对企业运作方式的影响。像许多新古典经济学家一样，杰森对提出企业社会责任这一概念感到困惑不解。我们将在本章阐述企业社会责任的概念，并在下一章进行更加详细的讨论。企业社会责任指除市场活动之外，企业自愿承担对顾客、员工的责任，特别是对更广泛的社区的责任。有关企业社会责任的决策通常由企业高层管理者做出，被认为可在一定程度上调和利润最大化目标所带来的弊端。例如，假设有一家跨国服装企业，将服装的生产工作外包给远东国家。在那些国家，可以雇用童工长时间地在工厂工作，而不受中央政府或当地政府的限制。假设企业的高层管理者对这种状况非常反感，决定不允许供应商使用童工，这就会使他们的服装价格超过仍然愉快地使用童工的竞争对手的价格。假设价格是这些产品的主要竞争因素，企业就会发现自己的销售额和利润不断下降。在杰森和那些"委托—代理问题"的理论家们看来，经理人违背了对委托人的责任。此外，消费者总是偏爱低价是经济理论中一个不言自明的假定，这家企业的高层管理者因此也侵害了消费者福利。按照芝加哥学派消费者利益在任何情况下都等同于股东利益的观点，高层管理者也违背了股东利益。

为实现股东利益最大化，这家跨国服装企业必须采取不道德的商业行为。这个结果让杰森感到很不舒服。因此，他提出，必须有人（到底是谁还不清楚）来教育股东，使其商业行为符合道德规范，如教育股东为实现某些社会目标放弃利润最大化。这种观点存在的问题是，只有财产所有人才能成为遵守道德规范的行为主体，至少在经济领域是如此。如我们所见，新自由主义将这种经济方法传播到社会的每个角落，不允许我们保留不同的价值观，这也是他们重要战略的一部分。财产所有人之外的其他人都是不遵守道德规范的自动化机器，只能成为拥有股份的委托人的代理人。可笑的是，这种争议竟然涉及股东和高层管理者的相对道德权利和责任。杰森还理所当然地认为，为企业工作的其他人都没有权利成为遵守道德规范的行为主体。

当我们谈到当代经济中巨型企业的所有人，我们必须记住我们指的不再是企业的所有人，也不是与企业高层管理者保持长久关系的机构型股东。在股东利益最大化模式之下，所有人的作用都单一到唯股票价格为尊。实际的股东将决策权委托给代表他们意志行事的交易商，而交易商只对企业股票在二级市场上的表现感兴趣——因为他们的酬劳取决于二级市场的交易速度。金融市场上实力雄厚的参与人根本不会"长期持有"某种股票，而是从事股票买卖。企业所有权人对企业的实际经济效益漠不关心，与企业的距离越来越远。然而，在盎格鲁—美国模式的公司法里，股东利益仍然是企业唯一合法的利益。

股东利益最大化与高度活跃的、短期导向的股票市场的结合带来了一个更加严重的后果。在理论上，股东的收益，即股息，依赖于企业的利润，是企业交易活动的残值，即企业满足债券所有人、员工、债权人的要求和投资需求后剩下的残值。虽然股东收益与企业利润的结合具有一定的风险，但是在资本主义经济中处于核心地位，它使企业愿意创新，也证明了股东利益最大化的合理性；虽然股东掌握如何管理企业的最终决策权，但是他们必须等待，直到企业履行一切其他契约要求的义务之后，才能要求自己的那部分权利。此外，股东从成功交易中得到的酬劳必须能补偿他们在失败的经营活动中承担的损失。

如果企业破产，这一原则依然有效：股东对任何资产具有最后索求权。但在一家企业的日常运行中，这一原则在今天剧烈波动的股票市场上，已因利润预期的出现受到严重影响。关于市场应该提供什么样的短期收益的评估得以迅速传播。要知道，股票的买卖双方要根据二级市场的表现来采取行动。因此，那些不能满足良好收益预期的股票迅速被人们抛弃。这些企业可能很快受到敌意的兼并，这是高层管理者竭力避免的事情，因为这意味着他们难以保住自己的职位。于是乎，高层管理者面临满足或超过股东目标收益率的巨大压力。如果必要，投资计划、顾客服务、员工报酬等都要进行削减以满足这个目标。一旦发生这种情况，企业所派发的红利不再是一个残值，而是对企业收入的预支。这样的红利也不再是对商业风险分担的酬劳，因为它们已经受到保护，不会遇到任何风险（二级市场崩溃所导致的风险除外，但我们现在已经知道，政府会在这种时候对它们进行保护）。

第 5 章　被私有化的凯恩斯主义：债务取代了戒律

　　股东身份的转变使企业不能为顾客提供满意的服务，详细地追踪其缘由需要对一件困难的、与事实不符的难题进行非常复杂的研究。这个难题就是：假如经理人员认为争取短期资本比改进顾客服务重要，那应该给顾客提供什么样的产品和服务呢？假如在股东身份转变之后，产品市场仍然是一个竞争市场，企业必须通过满足顾客来实现股东的利益，那么这个问题也不会出现。假如市场不是竞争市场，企业生产的产品或提供的服务就要以股票市场的表现为导向，但如果经理人员认为短期内改进顾客服务更重要，则他们就会面临两难选择。如果股票市场的表现不同于今天的现实，企业又会怎么样呢？我们无从知晓，因为我们无法研究这样一种可能性。

　　股东将风险转移给其他利益相关者，使股东与其他利益相关者之间存在冲突。一个极易识别的例子是营利性企业管理的职业养老金和个人养老金。今天的大多数养老计划以"确定的利益"为基础。养老基金的成员每月从薪水中扣除规定的保费，当他们退休的时候，他们领取的养老金占一定时期内薪水的一定比例，这里的一定时期通常是退休前一年。养老基金的精算师有责任和义务保证保费能为养老金提供足够的资金。保费可能无法筹集足够的养老金的风险由基金股东承担，因为按照惯例，利润是企业金融活动中承担风险的回报。

　　养老基金积累了大量的财富，因为作为收入的保费通常大于作为支出的养老金。基金利用这笔钱投资于不同的金融市场，这些市场具有很高的盈利性。如今，养老基金已成为世界上最大的投资者，其主要业务不再是提供养老金，而是提供养老保险活动的副产品。因此，养老金的实际支付成为这些基金的负担，尤其是，养老金领取者预期寿命变长对精算师的计算产生巨大的影响。于是，养老基金逐渐取消固定收益的养老计划，改为提供"固定保费"的养老计划。按照"固定保费"的养老方案，基金成员无法预测自己的养老金水平。基金公司将保费投资于股票市场，当基金成员退休时，基金公司根据股票市场上所购股票的表现，发放一笔养老金给他。基金成员若能在股市繁荣时期退休，真是一件非常幸运的事情；但若在股市萧条时期退休，就只能自认倒霉了。股市的繁荣与萧条决定了他们后半辈子的生活水平。因此，养老金水平变成了基金公司承担风险的经营活动的残值，风险从股东转移给养老金领取者，因为股东作为基金公司的委托人，要求基金公司保证他们的盈利水平。

·各种模式的同谋者·

到目前为止，我们已经描述了股东利益最大化模式之下金融市场的发展过程。我们的描述表明，金融市场的寄生性质本来很容易消除，但由于牵涉非常复杂的问题，所以变得难以处理。富人餐桌上留下的一点面包屑滋养了数以万计的人，包括许多依赖较低收入生活的人，这在盎格鲁—美国人的世界尤其显著。

这一切的发生都源于日渐增长的房地产市场和二级市场之间的密切关系。从 20 世纪 80 年代以来，在许多富裕的国家，越来越多收入微薄的人开始通过抵押贷款购买属于自己的房产。房地产市场并不是一个完美的市场。在某些国家，特别是英国和美国，为刺激房地产市场的发展，政府放松住房抵押贷款的条件，并采取经济政策措施使人们相信房产价格会不断上涨——只要使购房者相信这一点，他们就愿通过抵押贷款承担高额的债务。银行和其他金融机构之所以能够提供贷款给那些难以承担债务的人，是因为不断攀升的房地产价格意味着，即便需要将房屋收回，银行获得的资产价值也已经上升了数倍。随着房地产市场的进一步发展，房地产价格上升，人们可以承担更高比例的抵押贷款，或延长偿付期限，将有用的现金节省出来购买其他产品。与此同时，信用市场发展迅速，人们可以按更高利率来借更多的债进行消费。总的来说，经济的繁荣景象完全依靠债务支撑。

在大多数社会和在历史上的大多数时期，债务集中在富人集团的手里。因为富人认为举债是一种投资，所以积极利用财产或其他财富为贷款担保。在过去的 30 年里，中等收入的人群，以及通过较高贷款比例获得唯一财富——房屋——的人群的债务水平出现明显的上升。

房地产价格的上升意味着为上述人群提供的贷款具有一定的安全性，与此同时，根据上面讨论过的风险分散过程，银行开始通过在二级

第5章 被私有化的凯恩斯主义：债务取代了戒律

市场进行风险买卖将风险范围进一步扩大。特别是，银行将不安全的抵押贷款和信用卡债务打包，与风险较低的资产捆绑后进行交易。因为银行相信，出于我们前面讨论过的原因，购买者不会仔细检查交易包的具体内容。通过这样做，极不稳定的二级市场使那些收入微薄的人群能够花费自己根本不曾拥有的金钱，"帮助"维持高水平的消费和经济的繁荣。就这样，我们全都成了金融市场上的共犯，使政府更难抵制银行的要求——帮助它们渡过难关，从头再来。

卡尔·马克思认为，在出现历史性危机的某些时刻，会出现一个代表社会大众利益的社会阶级。这个阶级会通过革命的形式终结危机，取得胜利。马克思相信，当国际无产阶级出现的时候，资本主义就会终结，因为他认为无产阶级占据社会人口的大部分比例，而不仅仅是社会内部的一个利益集团。但是截至目前，国际无产阶级并未取得胜利，如果认为其原因主要是它的组织形式太过庞大，难以代表大多数人的共同利益，恐怕是错误的。在现实中，无产阶级通常不会跨越国界，而是登上民族国家内部的政治舞台，管理民族国家的政治生活。尽管如此，第二次世界大战后的30年里，统治经济政策的凯恩斯模式确实代表了地球西北部产业工人阶级和政治经济体系中大多数人利益的暂时结合。产业工人阶级数量众多，对当时的政治和经济秩序形成了潜在的威胁，其大规模消费如果能够得到保证和刺激，可以促进经济增长达到人类历史上史无前例的速度。除结成社团的知识分子外，这个阶级还产生了自己的政党、工会和其他组织，表达自己的要求。凯恩斯模式和大规模生产的结合，是对这些要求的一种回应，也缓和了工人和资本主义生产体系之间的矛盾。

20世纪70年代，凯恩斯模式遭遇了通货膨胀危机，反对凯恩斯模式的新自由主义思想迅速占据统治地位。这场运动同样是由一个阶级来推动的，这就是初始发源于英国和美国，随后扩张至全球的金融资本家阶级。它们跨越国界的特征是一大优势，带来更深层次的变化是民主国家主权的弱化。二战以后，政府对如何管理经济具有很大的权力，成为政治经济生活的基础。截至20世纪80年代，金融市场解除规制，促进了生产商和产品的全球化，腐蚀了民族国家的大部分管辖权。只有跨国企业才能在全球范围做出快速反应，与政府的规制相比，它们更偏好自己管理自己的业务。这既促进了新模式的发展，也使新模式的发展成为必然。

金融市场解除规制刺激和推动了自由市场的扩张和发展，把消费者从生产商和企业的盘剥中解放出来。如果说整个世界都从这场运动中获益，那么经营金融活动的那个阶级必然得到更多的利益。凯恩斯主义时期紧俏的劳动力市场和受到规制的资本主义使世界上一切发达国家的财富差距逐渐缩小，在接下来的新自由主义时期，我们看到这一趋势的反弹，因为金融机构的员工得到了非常高的薪酬。

这段时期迅速出现了两大问题。首先，在20世纪四五十年代，产业工人阶级迫切要求政府满足他们的利益，但到了新自由主义时期，他们的命运如何呢？其次，怎样才能缓解市场不稳定与人们对稳定生活要求之间的矛盾呢？后者对政治和经济都至关重要。

在20世纪70年代，凯恩斯主义最初遭遇的危机伴随着汹涌的产业革命浪潮，以至于人们认为产业工人阶级面临着更大而不是更小的挑战。但这一切只是错觉，事实上，生产率的快速提高和生产的全球化正在破坏人口统计基础。从美国、英国和斯堪的纳维亚国家开始，整个西方国家采矿业和制造业就业人口的比例开始下降。20世纪70年代产业工人的斗争没有别的结果，只不过刺激政府加速降低了对产业工人阶级的依赖，从而导致这个群体迅速衰退。20世纪80年代期间，英国政府的行为加速了煤炭和其他行业的衰退。尽管产业工人在就业人口中所占的比例从来不具有压倒性优势，但他们曾是一个迅猛发展的阶级，现在这个阶级出现了萎缩。截至20世纪80年代，这个阶级在产业斗争中的领导人地位已被公职人员取代，因为政府可以直接和公职人员打交道，不会对市场经济造成太多的干扰。在新经济主要增长部门和私人服务行业工作的工人通常没有参加工会组织，没有提出自主的政治章程，也不知道如何表达自己的要求。

在20世纪80年代形成的基本上不受规制的国际金融市场上，政府对资本运动的担心远胜于劳动力流动。用好听的话来说，就是政府希望从自由流动的短期资本中吸引投资。说得难听点，就是政府害怕自己不

第5章 被私有化的凯恩斯主义：债务取代了戒律

能为这些资本提供良好的生存环境，让这些资本溜走。

这件事并非表面上这么简单：凯恩斯模式本身既可满足工人对稳定生活的要求，又可满足资本主义自身对稳定的大规模消费的经济需求。在南亚和远东的新型工业化国家，这不是问题，因为这些基本上未实现民主的国家的经济依赖于出口和当地富人的消费，不太需要大部分人口的支出。不过，这对已经发达的经济体而言就不可行了。事实上，发达经济体对日渐增长的国内消费而不是对出口的依赖有增无减。许多生产大规模消费品的行业已搬到别的国家去生产，如果它们不搬，则说明它们只需越来越少的劳动力。因此，就业的增长逐渐依赖于无法参与全球化的上门送货服务。在一家西方国家的商店买一件中国制造的衬衫，享受中国低薪劳动力带来的好处是一件轻而易举的事。但是，因中国理发便宜就到中国去理发却是一件不可行的事。全球化对这些服务的影响主要通过移民来实现，即使，移民受到人口流动管制的限制。总的来说，尽管移民的工资很低，通常还是超过原来国内的工资水平。因此难题依然存在，这就是假如发展大规模消费经济的最初障碍是自由市场的不稳定性，那在大规模经济发展起来后，自由市场将会如何呢？

在20世纪80年代（或20世纪90年代，视新自由主义浪潮冲击某个经济体的具体时间而定），对上述难题的解答似乎在于大规模消费不会长久，因为不断上升的失业率和持续的衰退已成为经济生活的主要特征。接下来事情出现了变化，截至20世纪末，英国和美国的经济表现出强劲的增长，失业率持续下降。一个可能的解释是，在真正的完美市场，不会发生早期资本主义历史出现的繁荣与萧条的快速交替。在一个信息充分流动的完全竞争市场，理性的参与使人们可以准确地预测即将发生的事情，并调整自己的行为，适应现实世界的即时变化。难道说美国和英国在新旧世纪交替之际，真的实现了重生？

答案是否定的。市场仍然极不完美；外部冲击，不管是飓风、战争，还是失去理性的人们的冲动行为，继续对经济造成影响，干扰人们对未来的预期。我们现在知道，是两种迥然不同的力量聚合在一起，免除了新自由主义模式的不稳定之苦。否则，新自由主义模式恐怕也难逃厄运。这两种力量就是穷人和中等收入人群的信用市场的发展以及为极其富有的人群开发出的衍生品和期货市场。二者的结合产生了一种"被私有化的凯恩斯模式"。该模式最初的出现纯属偶然,但随后逐渐成为公共政策的关键因素。照此模式,政府不再举债刺激经济,而是将此重担移交给个人和家庭,包括一些极为贫穷的个人。

这有助于解释新自由主义时期的重大难题:欧洲大陆的工人具有比较稳定的工作和逐年递增的收入,但却因不愿消费导致经济出现停滞;收入中等的美国人,特别是那些随时有可能被解雇,以及薪水有可能持续数年都不增加的美国人,却保持了强大的消费信心:美国、英国和爱尔兰的房屋价格每年都在上涨;住房抵押贷款的比例也一再上升,直到超过100%;信用卡市场也在快速发展。然而,除少数例外,欧洲大陆的住房价格一直维持稳定。盎格鲁—美国经济体的抵押贷款和信用卡债务已经远远超越欧洲大陆的水平。我们仍然记得,在德国和欧洲的其他一些经济体中,增长模式从未像盎格鲁—美国经济那样,依赖于国内消费者的支出。结果,这些经济体以出口为导向的制造业发展得更加强劲。政府的政策目标是维持较低的出口价格,本土服务的国内消费价格通常不属于政府政策的关注对象。这两种类型的经济体都通过公共政策压低工资水平——在以英语为母语的国家,主要通过减少工会组织可能妨碍劳动力市场自由运行的各种权力;在德国和其他的欧洲国家,主要通过欧洲中央银行对企业施加的反通胀压力。欧洲大陆、日本和大量的新生产国依靠美国和英国(对英国的依赖程度略轻)的消费者购买它们的产品。但美国和英国的消费者是怎样做到的呢?答案就在于已经变得极端重要的、不能像消除寄生虫一样轻易消除的债务模式。

对那些消费过程中价值会逐渐下降的商品和服务来说,反通胀政策可以压低价格,因此商品的生产商和服务的提供商,如餐馆和医疗中心,被一个反对涨价的社会环境所包围。但对购买之后依然能够维持价值的非消耗品和资产,如房地产、金融产品和艺术品来说,情况就不同了。价格的上涨同时也是价值上涨,因此不会导致通货膨胀。资产和资产产生的收入,从逻辑上来看,不是新自由主义反对通货膨胀政策的目标。因此,根据这种政策模式,人们纷纷将出售正常商品和服务得到的收入变成资产,就连薪水也可以使用股票期权来支付。此外,消费者还

第5章 被私有化的凯恩斯主义：债务取代了戒律

可利用延长住房抵押贷款偿还期限，而不是利用工资和薪水的方式促进消费。

到后来，政府开始将"被私有化的凯恩斯主义"公开融入公共政策，尽管不曾使用这样的术语。降低石油的价格是一种好消息（因为这样降低了通货膨胀压力），降低住房价格却是一种灾难（因为它会打击还债的信心）。所以，如果住房价格下跌，政府就会采取财政政策或其他措施进行干预，使价格重新涨起来。英国政府逐渐放松申请抵押贷款的限制，美国的两家国有抵押贷款企业，房利美和房地美，在美国的次贷市场发挥了极其重要的作用。

不断上涨的工资、福利国家政策和政府的需求管理曾被视为维持大规模消费信心必不可少的要素，深受民主资本主义体系的信赖。但到了新自由主义时期，这些要素再也用不着了。经济繁荣的基础不再是受政府支持的工人阶级的社会民主范式，而是新自由主义对银行、股票交易所和金融市场的保守范式。在过去，工人可以通过工会、保护就业权利的立法和公共筹集的社会保险计划改善自己的待遇，现在他们在经济生活中的角色已变成债务持有人和信用市场上的参与人。一般来说，社会民主党和新自由主义保守党在政府换届选举中的交替会带来不同的结果，但新自由主义从政治上带来的根本性变化产生了更为深刻的影响。新自由主义代表着整个政治体系根本性的右倾，因为个人利益和集体利益都与金融市场捆绑起来。金融市场剧烈的起伏波动，导致了财富的高度集中。

我们可以在金融危机的背后看到一些熟悉的市场失灵的影子，比如价格不再作为价值的信号，以及信息不充分。二级市场的快速交易使资产的价格与构成企业"真实"资产的土地、劳动力和资本的价值脱钩。在理论上，股票反映了企业的商业前景，因此传达了有关企业重要而准确的信息，然而不断扩张的二级市场扭曲了这种联系。金融企业家和会计师事务所开发出不同的资产组合，改变了信息的传递形式——购买者无须了解资产组合的具体内容——最终导致了自我毁灭的决策。这是该模式最致命的弱点，就像通胀压力是凯恩斯主义的致命伤一样。

自然而然地，当二级市场崩溃的时候，无人准确地知道到底损失了多少钱,或损失的钱财流向何方。如果唯一具有意义的信息具有完全的自反性,其效力仅适用于信息本身,那么信息就没法发挥市场要求它发挥的作用。令人不解的是,就在2008—2009年金融危机爆发前几年,即20世纪90年代末期,网络泡沫的崩盘就对此发出了严重的警告,但该体系内外具有强大影响力的许多人依然选择忽略这一点。金融市场上的资产价值依赖于价值预期的无限倒推,逐渐失去了与企业实际产品之间的一切联系。热衷于这一体系的人们曾经相信,他们发现了股市价格永远不会崩盘的圣杯。供求定律很明显已被打破,而且不会受到任何惩罚。再怎么追根溯源,也无法知晓在网络危机和金融危机之间的几年时间里,金融企业到底做了什么。

被私有化的凯恩斯主义一旦成为一种在经济上具有普遍意义的模式,也就代表了一种奇怪的植根于私人行动的集体利益。因为银行抛弃了它们原则上应该履行的会计操作和审核行为,所以我们认为银行的行为极不负责任。具有讽刺意味的是,银行这种行为正是被私有化凯恩斯主义所需要的。成千上万人利用金融市场产生的不真实的财富,购买真实的商品和服务,获益良多。因此我们说,"银行极端不负责任的行为代表了一种集体利益"。当银行为其不负责任的行为所累的时候,政府的救助措施冒着严重的道德风险。在2008—2009年金融危机爆发之前,几乎整个社会都参与了不负责任的行为,所以此时的道德风险涉及的范围更加广泛。有关市场的理论总是赋予市场强大的作用,认为市场可以保证个人实现自我利益的同时,也能实现集体利益和大众利益。20世纪八九十年代,新自由主义深受富人阶级乐观主义情绪的感染,放松了市场原则。但是,个人利益和集体利益之间的联系依然存在,因为经济行为从来不会完全为私人利益服务。只不过,个人利益和集体利益之间的联系变成了奇怪的、不负责任的银行行为和大众福利之间的间接联系。

新自由主义起初受到芝加哥学派的影响,对主导市场的企业聚敛财富采取温和的态度,接下来受到不受规制的、利用信息不充分繁荣起来的金融市场的影响,最终把我们带进了一个陷阱:为保证我们的集体利益,我们必须使少数人变得极其富有、极其强大。福利国家现在所发生的一切准确地表达了这个陷阱的实质。政府必须大幅削减社会服务支出、医疗和教育计划、养老金支付和对穷人及失业者的转移支付，才能解决金融市场对公债规模的焦虑。金融市场上的操盘手，之前已给自己支付了很高的红利——因为形成公共债务的政府支出使他们的经营活动免除了任何风险，给他们提供了丰厚的红利——现在又从银行救赎计划中美美地捞了一把。

·被私有化后：负责任的企业在哪里？·

政府意识到银行不负责任的行为在创造集体利益的同时也产生了巨大的道德风险，但要如何管理这些风险呢？为解决这个问题，首先要接受下述观点：政治精英和经济精英将会竭尽所能，维护新自由主义的一切，特别是维护金融市场对新自由主义的支持。在社会民主时期，强大的再分配税收体系、强大的工会和政府规制逐渐缩小财富差距。但到了新自由主义时期，金融市场使财富和权力不平等加剧，政治精英和经济精英从这种不平等中得到了大把的好处。社会民主时期的特征之所以在当时得到容忍，是因为这些特征被用来作为防止产业工人变成共产主义分子之必需。现在，共产主义已经远去，大规模消费又可依赖通过金融市场形成的大规模私人债务体系（后者恰巧使少数人变得非常富有）实现，于是各路精英紧紧地抓住了这种模式。

至此，经济繁荣对有效市场资本供应的依赖远远超过曾经对西方世界产业工人的依赖。地域范围的差异可以提供部分解释。西方产业工人阶级的衰退并不意味着该阶级在世界上其他地方也出现衰退。事实上，今天在制造业就业的人数比以往任何时候都高。但是，制造业工人分属不同的国家，具有不同的历史、文化、生活水平、利益目标和发展轨迹。金融资本并不形成这样的小集团，它更像液体或气体，轻易就能改变形状，从一个地区流动到另一个地区，从一个司法地流动到另一个司法地。我们的经济生活仍然依赖劳动力和资本，但前者可"分而治之"，后者却不能——除非再次出现经济国家主义和对资本流动的限制。当然，在这种情况下，我们所有人都会遭受严重的经济衰退。

最可能出现的新模式就是日渐依赖大型企业的模式。全球化的发展赋予了跨国企业重要的作用，这个逻辑并未因金融体系的出现而消失。新自由主义的核心到底是市场还是巨型企业呢？我们再次面对这个问题。

政府对金融危机的最初反应是恢复规制和对银行暂时实行国有化。但是，这些措施不会长久存在。金融市场宣称自己可以有效地进行自我规制，当然事实并非如此。金融市场并非有效的早期迹象有很多，如前一章简要讨论过的安然事件、世通事件以及其他的丑闻。我们现在回头看看这些事件，就能预期接下来将会发生的事情。美国国会对上述事件做出的反应是通过《萨班斯-奥克斯利法案》（Sarbanes-Oxley Act）加强对企业审计工作的规制。该法案的通过得到了国会大多数议员的同意，甚至得到总统布什的支持。尽管安然公司曾是昔日布什参加总统竞选的赞助人，但在安然事件发生后，布什很快撇清了与安然的关系。这些可怕的丑闻使人恐惧，但等到人们记忆模糊时，金融业的说客就开始抱怨政府对企业规制太多，并威胁说金融公司将会离开纽约，去伦敦等政策更为宽松的地方。政府在挽救金融业的同时，决定对金融业实施规制。但这些规制措施还没到位，金融业的游说活动就已经开始了。假如衍生品市场必须遵守严格的规则，大部分借贷活动就会变得更加困难，那它如何能够支持高水平的借贷呢？如果交易商无法得到大笔的红利，那他们如何能够完成补偿银行损失所必需的任务呢？截至2010年，二级市场曾经的交易行为几乎全部卷土重来。金融大亨的说客开始游说美国参议院，对奥巴马政府加强企业规制的提案形成重大阻碍。

与此同时，除非利用无须担保的信用，中低收入的、缺乏安全保障的工人再也无法维持以往的支出水平。政府持续实施加强劳动力市场弹性的政策，同时希望信用市场再次繁荣，因为这是恢复消费者信心最有效的方式。政府深受金融业的影响，如果金融业宣称，恢复消费者信心需要放松规制，政府就会照办。除此之外，各国政府纷纷采用"以邻为壑"的竞争政策，并大力保证本国的规制政策比其他国家更为宽松，以吸引金融业前来投资。很明显，各国政府的资本竞争政策使企业处于更

第 5 章　被私有化的凯恩斯主义：债务取代了戒律

加强大的地位。

更重要的是，金融界的大型企业逐渐减少，幸存下来的企业与政府建立了密切的联系。有些幸存者产生于 2008 年政府救市计划主导的银行兼并。然而，尽管 2008 年 10 月金融市场崩溃后，政府购买银行，对银行实行人们意料之外的国有化，但政府并不打算像过去那样，长久地控制在经济生活中具有重要地位的银行业。事实上，由于大银行的经营活动常常跨越国界，所以银行业国有化不能适应它们的发展。但是，这些银行也不可能通过公开发行股票实行私有化，它们最可能的去向就是分给少数现存的大企业，这些企业可以是其他银行，也可以是其他行业的大型企业，只要它们足够大，能够承担现代金融资本主义蕴含的巨大风险。

整个金融业的竞争程度具有显著差异，并不统一。在某些地方，金融市场接近完美市场；在繁华的商业大街上，日常的银行业务由少数巨型企业主导，具有明显的芝加哥学派经济特征。许多新自由主义人士认为，问题在于规制太多而不是太少。他们还说，正是因为规制的存在以及民主国家政府不允许大银行倒闭的潜在预期，才使金融企业敢冒巨大的风险。假如政府对它们撒手不管，并要求它们采取谨慎措施，防止不负责任的行为，它们就不会冒这样的风险了。虽然新自由主义者相比小企业而言，更偏爱大型企业，但他们永远不会承认，有些企业"太大而不能倒闭"——这是金融危机的高潮时期金融业不断强调的主张。新自由主义可以接受破产和倒闭，只要这样可以实现市场经济的自我矫正，将资源从低效的领域重新配置到高效的领域。

这种主张具有强烈的科学意义，却很难解决政府面临的现实问题——几家银行业的大型企业主导人们的经济生活，对整个经济产生巨大的影响，使它们可以在一定程度上代表公共利益。所以，银行业的崩溃使整个经济也陷入瘫痪。假如这是一个真正的新古典市场，存在大量的市场主体，市场的自我矫正功能就能阻止整个经济面临困境，不会产生如此广泛的后果。但我们面临的是具有芝加哥学派经济特征的市场，而不是新古典市场。企业在这种市场上具有"牵一发而动全身"的重要性，但它们却只对股东负责。严格的新自由主义人士已被这样的企业俘获,他们抗拒政府的任何补救措施,认为这些措施只会使情况变得更糟。他们说过去的两百年应该产生一个与现实截然不同的、完全不受规制的银行体系。这是因为除此之外,他们无话可说。

与此形成对比的是更加现实的,由部分观察家提出的"社会民主新自由"建议。在本质上,这是美国1933年《格拉斯-斯蒂格尔法案》的回归。该法案主张银行采用双层体系:一群巨大的企业和一个独立的高风险交易部门。前者必须受到严格的规制,目的是保证它们不会参与高风险活动,并照管好社会上绝大多数人和小企业的储蓄与投资;后者不得使用普通人的储蓄,只能使用了解情况的客户的资金,这可能使它们变得非常富有,也可能变得一穷二白,取决于它们在不受政府保护的完全竞争市场上的表现。这种方案可能是短期和中期内重建银行体系的最佳选择。

但这种方案在长期内是否可行呢?许多人对比表示怀疑,因为银行家和政治家们已经尝到了二级市场"知识之树"带来的甜头。银行家知道,在不断扩张的衍生品市场从事交易活动可以产生的财富,这在20世纪80年代简直无法想象。政治家知道,在削减福利国家支出和实行劳动力规制的情况下,大规模债务对维持相对较穷的人群的购买力有多重要。如果在安全的大众银行和危险的投资银行之间设置界限,阻止政治家和银行家按照20世纪90年代和21世纪初逐渐领悟的办法捞取好处,你能指望这种界限可以维持多久呢?

可以预见,安全银行和风险银行之间的任何新界限都会遭到腐蚀。不过,政府已从2008—2009年的金融危机中了解到二级市场通过层层发展,脱离控制的时候能够带来多大的危害。因此,他们希望设立保障措施,避免完全回到不受规制的市场模式。政府可能采取的措施是,利用政府和巨型企业之间已经存在的密切关系,逐渐建立一种更具有磋商性质的、自愿规制的体系,作为逐渐放松规制的补偿。我们不难猜到这一点,因为这是整个经济中政府与企业关系的总体趋势。由于政治家和新自由主义人士一样,对政府干预持有偏见,害怕规制抑制经济增长,并相信私人部门的管理人员几乎在每个方面都超过自己,所以越来越依赖巨型企业实现许多社会总目标。真正的新自由主义人士根本不喜欢这种解决方案,因为它背离了企业的利润最大化动机,并鼓励企业和政府建立威胁自由市场经济的亲密关系。但是,企业界的主流对此却很赞成。

我们在本章已经考察了两种形式的市场失灵如何导致这场金融危机:价格的意义变得扭曲;交易速度太快,使交易商没有兴趣了解自己到底在干什么。这场危机的解决方案带来了两种更深层次的市场失灵。首先,滥用有效市场降低进入和退出壁垒的需要。进入壁垒更多地存在于巨型企业主导的部门,退出壁垒却在这场危机中起着特殊作用。为了挽救银行,政府不惜耗费巨资,因为银行"太大而不能倒闭",仿佛银行要是倒闭的话,整个经济也会随它一起崩溃。这意味着银行已建立起退出壁垒。许多评论家指出,如果银行获得这样的地位,就与市场经济规则水火不容。

其次,银行拯救方案意味着对另一个市场原则——政治与经济,特别是政府与企业需要保持分离的原则——的背弃。从更长远的时间来看,解决金融问题可能需要更多地背弃这条原则。尽管企业依然只对股东(或瞬息万变的股票交易商)负责,但它们已然成为维持整个经济和社会稳定的重要机构。

第 6 章
从企业与政治的纠缠到企业的社会责任

我们将那些已经不受市场控制，可以独立影响政治生活的企业称为政治企业（political firm）。政治企业造成的问题，任何经济学或政治学的理论方法都难以解决。从政治学而不仅是正式的选举过程、政党或政府来看，有关政治力量的主要理论是政治多元论。它和新古典经济学出自同一批学者，但却没有经济理论的华美外衣，因为它以大量的实证研究为基础，而经济理论却以单一的完美市场为基础。根据政治多元论，为阻止政治力量不平等的加剧，必须将政治力量分散给社会上的各个自治中心，而不是集中在大集团的手里。公共政策的制定需要各个自治中心的成员集合在一起。此外，政治理论和经济理论一致认为，一个接近平等的经济是形成政治多元论的条件之一。在经济资源分配极不平等的国家，政治力量可能也会出现高度的集中，因为经济资源很容易变成政治力量。

在 20 世纪 70 年代末期，芝加哥学派开始对美国反垄断政策产生重要影响。美国两位杰出的政治多元论倡导者，罗伯特·达尔（Robert Dahl, 1982）和查尔斯·林布隆（Charles Lindblom, 1997）对此提出警告，声称大型企业正在威胁民主多元主义的平衡。林布隆的分析更多地基于政府为获得大众支持和合法外衣对经济成功的绝对依赖，以及为实现经济成功必须依靠企业界的坚定信念，更少地基于个别企业的规模所带来的含义。在他看来，政府将会热切地聆听企业界对公共政策的需要，并可能不加鉴别地全盘接受。

达尔和林布隆发表上述言论的时间是在被私有化的凯恩斯主义崛起之前，世界各国解除金融市场规制之后，经济全球化浪潮刚刚开始之时。上述过程进一步加强了跨国企业把经济力量变成政治力量的能力。我们已考察过被私有化的凯恩斯主义的作用,现在需要考察跨国企业的影响。跨国企业通过两种方式获得政治力量。第一,它们可以设立"政权店",即到政策最宽松的国家投资。第二,全球经济本身形成了这样一种局面(相比稳定的民族国家内部而言),政府部门相对软弱,企业拥有更多的自主权。

上述第一种方式的含义其实很明显:如果企业可在两个国家之间进行投资选择,可以预计它们将会选择更容易实现利润最大化目标的国家。这意味着更低的成本,包括更低的企业所得税、更少的劳动保护、更低的社会标准、更少的环境规制和其他规制。从短期来看,我们可以断定资本将从成本更高的地方流到成本更低的地方。从更长远的时间来看,成本更高的地方将会下调自己的标准,和后者展开引资竞争。结果,为满足跨国企业的偏好,整个世界的标准出现普遍下滑——这个过程通常被称为"竞次"*。

在实际生活中,情况要复杂得多。因为企业已建立起来的社会联系、对工厂的现有投资、销售渠道和供应商网络都不容易动迁,也就是说,企业一旦进行投资,就会产生所谓的沉没成本。只有企业相信,新投资场所产生的利润足以弥补这些沉没成本,它们才会进行投资场所的转移。所以说,企业转移现有投资并不使政府感到担忧,未来的新投资更加偏爱成本低廉的国家才是政府的主要威胁。不过,企业不一定持续偏爱成本最低的地方,因为那些善于玩弄策略花招的企业,通常选择对利基市场进行投资。这种情况下,成本是否最低不重要,重要的是生产高质量的产品或提供高质量的服务。这可能需要为员工支付很高的薪水,提供良好的工作条件或完善的社会基础设施,支付较高的税收。因此,高薪高税的经济体不一定在吸引国际直接投资的竞争中处于下风。

然而,这种观点仍然把主动权交给企业:是企业自身的市场战略决定了(或至少说是强烈影响了)某些政府政策是否能够得到投资"回报",不管这些政策是为人们提供了低薪工作的机会,还是为高技能工

---

* 竞次(race to the bottom),指通过剥削劳动、耗费资源、破坏环境而达到增长的做法。——译者注

人提供了安全的生活保障。尽管全球化并不意味着"竞次",但它确实壮大了跨国企业设置竞赛规则的能力。

跨国企业获得政治力量的第二种方式意味着,由于不存在全球性的政府,所以跨国企业可以随心所欲地制定游戏规则,或为设置标准或贸易规则而在彼此之间达成各种各样的交易。由于全球化是当前最有活力的经济因素,所以跨国企业制定的规则很快融入各国经济生活,对各国政府的经济自主权造成巨大的干扰。

这种观点有些夸张。随着全球经济的增长,由不同的民族国家组成、因此代表不同国家利益的国际机构的干预活动也在增加。第二次世界大战以来,联合国的部分工作(还好,不太多),以及世界银行和国际货币基金组织的活动都体现了部分成员国的意志。长期以来,经合组织提供了许多成员国的经济数据和统计资料。现在,这个组织正在逐渐加强其作为国际政策协调机构的作用——如监管政府与跨国企业的商业交易,打击腐败。最近,世界贸易组织开始监管国际贸易条款,其管辖权超越政府的程度远胜于超越企业的程度。最后,就在民族国家与全球范围之间,出现了政府间的国际组织,它们以更加细致的方式,干预不同地区的经济事务,如欧盟、东盟(ASEAN)、北美自由贸易协定(NAFTA)、南方共同市场——虽然在这些机构中,只有欧盟对广泛的领域制定了大量的共同政策。总的来说,全球经济生活并不是没有公共规制,但是很明显,个别巨型企业在国际舞台上发挥了比在国家舞台上更加直接的影响和作用。

罗伯特·达尔认为,多元理论不能有效地处理20世纪70年代美国经济中个别企业的政治影响问题,所以他从北欧国家有组织的资本主义中寻求可能的答案。在这里,企业主要通过商业协会——部分为行业协会,部分为代表整个私营部门的弱小的协会——实施政治影响。因为商业协会是正式而公开的,所以可用来要求成员企业承担一定的集体责任,换取游说活动的成功。此外,通过协会开展游说活动可在企业间维持一个公平的竞技场,至少在行业内部是这样,并防止与政治家或政府官员具有特殊关系的个别企业获得反竞争的特权。达尔将研究视线从美国的多元理论转移到北欧的新社团主义方法。组织既可从事游说活动,又可约束成员的行为。利用组织来表达利益这个概念常用来研究工会和雇主集团之间的关系,但也可在某些情况下更加广泛地用来描述企业政治学。虽然新社团主义可以避免个别企业政治行为带来的政治问题,但却造成了新的问题:个别部门为享有特权,不惜牺牲其他部门;少数人为获得特殊利益牺牲他人的利益(如环境)。曼可·奥尔森(Mancur Olson)在著作《国家的兴衰》(*The Rise and Decline of Nations*,1982)中提出,在市场经济中,具有共同利益的组织通过寻租行为达到自己的目的,即为集团成员从普通大众身上榨取好处,而不提供任何回报。换句话说,利用我们在第2章提出的专业术语,具有共同利益的组织产生了完美市场不允许发生的"负外部性"。假如它们的成员在社会上分布广泛[奥尔森称之为泛容性(encompassing)],以至于它们必须内部解决自己酿下的苦果,它们就不会组织集体行动。这种时候,集团外的成员很少,无法负担集团行为带来的不良后果。假如新社团式的结构取得最大的成功,就会出现这种情况。

奥尔森认为,泛容性组织有动机让它们的社会更加繁荣,并能实现财政政策和货币政策与企业运营范围的对接。从工业社会的大部分历史来看,民族国家曾为建立泛容性组织提供了条件。当今的全球经济,特别是跨国企业,对新社团主义提出了严重的挑战。新社团式组织可以对这种情况做出积极反应,其方法是将组织活动提升到更高水平,如欧盟,并与其他民族国家的反对力量联合起来,再次获得成员的"泛容性"。不过,这样做的动机并不强烈。政府、工会和小型企业仍属民族国家内部的组织,而且政府和工会必须对本国的选民负责。就算是欧盟也远远不是一个全球性组织。对任何本身不是全球性的有组织的利益体系来说,很难实现成员"泛容性"这个特征。

新社团主义存在的一个更深层次的问题是,由于它起源于代表现有行业和部门的商业协会,所以在快速的经济和技术变化时期,它的效率逐渐丧失。旧的有组织的经济部门不再重要——更糟糕的是,有些组织竟然力图阻挡已成必然命运的颓势。同时,新的经济行业还没有组织起来,甚至有些新行业不把自己视作一个行业。例如,生物技术行业发展了数年之后才引起人们的注意。现在,生物技术行业和其他的新行业,如信息技术行业，获得了自我认知，并建立起了工会组织。但是，在快速变化和快速创新时期，旧的、不断衰退的行业比新的、生机勃勃的行业更善于通过行业组织进行利益诉求。

正如第3章讨论的标准案例，不同的跨国企业，而不是商业协会，逐渐成为商业利益的主要载体。乍一看，全球化和解除规制似乎是市场的胜利，是社团主义和政府的失败。但是，再多看一眼，我们就会明白，取得胜利的不是完美市场，而是主导市场的各个巨型企业。巨型企业的发展扭曲了企业之间的公平竞争——一个没有高进入壁垒的真实市场存在的必要条件——对政治和经济产生了极为重要的影响。此外，巨型企业的发展还大大缩小了小型企业的话语权空间，后者需要商业协会才能接近政治家或政府官员。各个跨国企业获得了作为政治演员的强烈动机和可能性。具有讽刺意味的是，虽然自由市场和政治多元论似乎具有相同的渊源，但实际上，与运行于极少限制企业规模的芝加哥学派经济背景下的多元体系相比，新社团式的协会更能维持企业之间的公平竞争，从而阻止市场扭曲。

从政治多元论的观点来看，企业变成了"游说家"。通过游说活动，巨型企业在全球经济中能够起到巨大的作用，对社会与经济造成强大的干扰，威胁民主与多元主义之间的平衡。这是达尔和林布隆，以及随后出现的许多批评家（包括本书前几章提到的经济学家）面临的艰巨任务。在今天，巨型企业的作用已不仅仅是进行游说了。"游说"（lobby）一词最初的含义是发生实际行动的一个房间，或房间外的过道，引申为掌权者会议室或法庭外的空间——当人们想要为某事进行辩护的时候，就等候在此，寻找与参会成员说话的机会，因为那些进行申辩的人是没有权利直接进入会议室的。今天，跨国企业的代表不会停留在政府办公楼的大门之外，而是进入了政治决策的圈子。他们设置标准，建立非公开的规制体系，为政府担任顾问，甚至安排员工到部长办公室任职。在第4章，我们看到，由于有人批评政府完全不懂商业行为，所以早期为确保政企分离的原则已被与时俱进地改造了。

企业获准参与政治活动，在美国主要指企业为竞选活动提供赞助经费。美国的选举需要非常庞大的开支，因为需要利用几乎无休无止的成

第 6 章　从企业与政治的纠缠到企业的社会责任

本高昂的电视节目，以及其他的高技术沟通方式帮助候选人与选民沟通。而且，美国的政党结构非常脆弱。不像欧洲的民主国家那样，美国的候选人需要自行筹集庞大的竞选基金。在首轮选举中，候选人为获得党内选民的支持而相互竞争，获胜者成为本党提名的总统竞选人。这种选举制度的存在进一步加大了候选人筹集竞选基金的压力，因为任何政党都不会资助首轮选举。寻求连任的政治家更需要钱。如果企业的商业利益将会受到政府决策或立法的影响，企业就会向事业基金会提供慷慨的捐赠，这些钱随后变成"听话的"政治家的竞选基金。对真正的新自由主义人士来说，这种行为就像政府超越法律界限干预企业的经营活动一样，是对自由市场规则的严重冒犯。但是，美国的选民并不这样认为，相反，他们认为这是"非常正常的事情"，与"美国是世界上民主国家的典范"的口号完全一致。这说明企业政治学已取得对政治多元论思想的胜利。

游说不足以说明跨国企业的作用，这可以从更深层次的原因进行解释。第一个原因是，人们通常认为参与游说活动的人是民族国家的政治家或政府官员，或处于民族国家内部，暂时受民族国家管辖的政府成员。但与政府讨论投资条款的跨国企业不是这样。根据国际法的要求，企业只要在地球上的某个地方注册，就可以与世界各国的政府打交道。企业永远不会附属于任何政府，除非（且直到）它们建立基础设施。在至关重要的谈判期，也就是跨国企业对潜在的投资场所进行抉择的那段时期，它们仍然属于外部成员，不会进行任何"游说活动"，因为按照前面的阐述，"游说"至少要求正式的附属地位。它们的关系更像其他国家的大使，但企业却不能比作大使，因为大使是一个代表政治实体的概念。

第二，大型跨国企业与民族国家已成为世界政治生活的重要组成部分。大型跨国企业与民族国家根据协议建立国际性组织。企业在这些国际组织中设置标准，表明企业非常独立。企业与国际机构和跨国机构共同存在，不是后者的附庸，因此也就不存在对后者的游说。

第三，当发达国家的大型企业对非常贫穷的国家进行投资时，企业的制度与东道国本地的制度通常存在严重的不对称。前者具有精良的设备、优秀的员工、优质的资源、明确的层级制度和内部程序；东道国可能只有非常稀缺的资源、极为落后的内部通讯手段和法律制度。因此，尽管在法律上东道国属于"权威机构"，投资企业属于该权威之下的一个私人实体，但在现实中，东道国很难坚持其权威性。企业可以选择是否遵守当地的法律，因为当地的司法和监管可能都非常落后。于是企业成为自己的执法机构。这种不对称还可以通过其他方式发挥作用。在贫穷的东道国，可能只有极少的政治舆论，而投资企业的母国可能存在轰轰烈烈的政治争论，甚至是对该企业所投资的东道国的事务的热烈争论。例如，一个斯堪的纳维亚企业在非洲国家雇用童工，它在国内因为这个问题遭到的指责肯定多于东道国。由于国内强大的压力，该企业极有可能比非洲政府更积极地保护儿童的权益。这表明企业再次成为自己的执法机构——也表明企业卷入了政治生活，即便企业本身不想这样做。

第四，上述例子提出了企业社会责任（CSR）这个普遍问题。第5章曾结合股东责任简要地讨论过这个概念，但现在我们需要更加详细地考察它。

·把企业的社会责任作为企业的一种政治任务？·

企业社会责任的思想是由企业自己在漫长的时间里发展起来的，其含义是企业应该对社会履行的义务。观察家怀疑它是由企业公共关系部门提出的概念，目的是使人们转移对企业可疑行为的关注。通常情况下，企业社会责任就是这么一回事，但它确实包含了一些值得人们认真对待的成分——如企业影响力带来的问题。具有讽刺意味的是，面对极易受到企业游说活动影响的政治体系，企业行为批评家可以把企业社会责任作为手边有用的工具进行反击。

我们需要把企业社会责任与企业的慈善活动，或企业建立慈善基金的行为区别开来。慈善活动是一种特殊形式的、以公共利益为导向的活动，但它既不属于政府行为，也不属于企业的营利活动，通常由独立的法律体系来规制。企业社会责任由企业承担，通常不超过公司法的范畴，主要指企业董事和管理层利用战略能力实现公共政策目标。在探索适合这一过程的概念时，有些作者提出了"企业公民"（corporate citizenship）的思想。这是一种陈词滥调，意思不过是指企业应该像一位遵纪守法的公民一样行事。但是，克雷恩（Crane）等人在2008年出版的著作《企业与公民》（*Corporations and Citizenship*）中，提升了这一概念的理论深度。严格地说，企业不可能"是"社会公民，因为在民主国家，社会公民的特性仅属于拥有投票权的个人。克雷恩等人把企业视作管理公民普遍权利的机构，认为企业有责任制定企业层级的公共政策，这就是他们赋予企业社会责任的含义。这种思想依然存在重大问题，因为从理论上来说，公民可以对政府施加政治压力，但却不能以同样的方式影响企业（企业仍受《公司法》的制约，仅对股东权益负责）。从另一个方面来看，企业可对作为顾客的公民做出快速反应。

"企业公民"还说明企业享有公民的权利和影响力，并把企业明确视作超越市场的政治生活的一分子。这是处理当代企业行为的一种现实方法。企业通过设置标准制定自己的规章制度，或通过游说活动参与公共决策过程，这些都是企业行使公民权利的表现。批评家指出，如果这就是企业想要得到的权利，那么他们必须符合良好行为的要求，而不仅仅是通过市场实现利润最大化。这些观点非常中肯、合理，因为它指出，公民权利必须伴随着公民责任。

有些人把这种讨论视作一种危险的信号。民主国家的公民难道不仅限于个人吗？即便企业在法律上被视为个体，但怎么能比作公民呢？难道说企业应该有投票权？社会处理外部性的最直接方式是让政府和法律通过规制、税收，或其他手段来解决。政府承担公共领域的责任，特别是提供稳定的社会共同拥有的公共物品的责任。因此，企业是否应该为自己界定一个社会责任？或者说它们应该关注利润最大化，让政府实现公共目标——即增加正外部性，抑制负外部性？这涉及一个更深层次的问题：企业只需实现股东利益最大化，还是应该扩展其价值标准？

芝加哥新自由主义的领军人物米尔顿·弗里德曼在这场争论中提出了一种惊人的观点。早在1970年他就说过，企业无须承担股东利益最大化之外的其他责任,也没有权力超越这个责任,追求更广大的社会目标。弗里德曼的主张有两点:第一,企业只能严格追求利润最大化目标,否则,它们的效率就会降低,我们稍后再考察这种观点对企业社会责任的含义,因为我们需要先考察该主张的第二点,即企业社会责任和政治体制的关系。弗里德曼认为:制定超经济标准规制企业的行为是政府的责任,企业无权代行这个任务。弗里德曼的这种观点,在以政府为中心的社会主义分子中早就存在。这种观点涉及两个问题:政府有能力对跨国企业实施规制吗?该主张对企业参与政治活动的权利有何含义?

弗里德曼认为,企业不应参与公共政策,这真是一种天真的想法。因为在现实的世界中,企业进行了大量的游说活动,目的是为保证某些公共政策的导向。但是,弗里德曼可能认为,企业的游说活动是为帮助实现股东利益最大化。也就是说,假如企业能够建立适合自己需求的规制环境,它就能更好地实现利润最大化。但是,假如企业采用这种方式影响政治生活和社会生活,就必然跨越了市场交易的范围。由于企业的游说活动,立法人员和政府官员的观点发生了变化,政治党派竞选成功的能力受到了影响,许多人改变了对一个问题的看法。因此,在一个巨型企业正在获得超越政府的政治能力和社会能力的世界,政府不断受到新自由主义人士防止巨型企业干预经济的警告。就在这样一个世界,企业社会责任的拥护者好像找到了一条超越利润最大化的渠道。由此造成的假象是,只有巨型企业才能有效地实现社会责任目标。

这种讨论使我们注意到非常重要的一点:在一个实行民主选举的政体,并非一切都很民主。民主社会的领导人常常抛出居心叵测的言论,宣称他们所做的一切都符合民主的程序。假如有人指控他们的行为违反民主,他们就会抱怨受到了莫大的伤害。政治领导人诞生于维持民主之必需的选举过程,得到了议会大多数成员的支持,所以他们宣称,他们所做的一切都符合民主程序,他们经手的事务都充满民主特征,即便这些事务与他们在选举过程中的允诺截然不同。政治家利用民主的这种合法性诋毁批评家,即便后者代表着大多数人的观点。但是,假如我们承认,民主国家的政治生活既有民主的成分,也有不民主的成分,这种观点无疑更加真实,也无疑减少了对这个世界的扭曲。承认这一点,我们就能更加诚实地面对下述事实：企业的政治力量构成了我们实际选举制度中一个极不民主但却被广为接受的特征。承认这一点，我们就能更加公开地研究强势的大型企业的作用，并接纳以下观点：我们的社会存在一个不民主的公民关系领域，大型企业是这个领域的活跃分子，整个社会的绝大多数成员则被排除在外。

前面说过，民族国家不再构成公共领域的全部，这个事实也存在一定影响。约翰·鲁杰（John Ruggie）是一位政治学家，2005 年被任命为联合国秘书长企业与人权特别代表。他在 2007 年和 2009 年两次提出，民族国家正在卷入更加广泛和深入发展的提供全球商品的国际舞台，在这个舞台，企业与政府都扮演着重要角色。跨国企业太强大了，不可能不获得政治关注，即便政治家或政府官员很难对它们施加直接影响。在这样的环境中，政府与国际机构开展工作都需要企业的支持。一个重要例子是联合国与许多巨型企业达成的、呼吁企业履行一系列社会责任的"全球契约"（global compact）。拉斯克和科尔（Rasche and Kell, 2010）在研究中发现，"全球契约"的机制比较脆弱，因为它缺乏执行力。但是，鲁杰却认为，与企业的这种合作标志着政府在扩大公共管理方面的一种进步，而不是对企业力量的一种屈服。

尽管这些思想本质上属于政治理论范畴，但在这里，我们主要是从贯穿本书的经济思想的视角对它们进行考察。我们首先考察的思想是，最好将企业社会责任视作企业自愿对其市场行为产生的外部性负责的行为。我们曾在第 2 章将外部性界定为由市场交易带来的，本身并不体现在这些市场交易中的结果。因此，企业社会责任本质是"企业对外部性的认识"。这种观点使我们超越了口号和公关实践，理解了企业社会责任的真实用意。根据外部性的定义，对一家致力于减少负外部性（或增加正外部性）的企业来说，需要采取超越直接市场关系的行为。这种行为需要企业承担成本，而且不会立即产生回报。我们如何能够指望一家以利润最大化为导向的企业采取这种行为呢？或者，从更积极的方面来看，假设企业本身并不愿意采取这样的行动，我们应该给它们施加什么样的压力，迫使它们采取这样的行动呢？

我们的基本观点是，没有任何企业能够具备完全的自主权，即便巨大的跨国企业也不能。因为不管它们多么强大，只要它们必须实现股东利益最大化，它们就必须销售产品，这使它们容易受到某些压力的影响，也对某些压力非常敏感。那么我们能否假定，市场有对企业提出负责任的社会行为的要求？特别是，我们是否有理由假定，顾客关心向他们出售商品和服务的企业的道德行为？消费者是否偏好道德的企业？如果这种偏好形成一种风尚，我们能够想象企业社会责任成为其中一种吗？

　　大量的研究表明，确实有消费者对所谓的"企业社会责任产品"抱有好感。例如，坐落在繁华大街上自称践行环保的企业，以及以公平交易著称的品牌都获得了越来越多的顾客。渐渐地，人们认为，从臭名昭著的企业——用我们的行话来说，就是生产负外部性的企业——购买产品，或对这种企业进行投资，或在这种企业工作，都是一种"不好"（non-cool）的行为。几大基金集团已经察觉到这种情况的发生。风尚可能受到许多因素的影响，远离那些与不良用工行为或危害环境行为有关的品牌，对风尚形成的影响就好比穿了过季的服装色系。"绿色"可能是新的黑色，这似乎把一些非常重要的事情给简单化了。潮流本身是非常短暂的，假如身穿童工生产的衣服突然变得流行，会发生什么事情呢？这是一种充满风险的、不太现实的假定。但是，假设世界上的许多人宁愿做有益于社会，而不是损害社会的事情，则围绕环保问题，及第三世界国家的童工问题而开展的轰轰烈烈的社会运动就会通过唤醒顾客的良知来挑战企业不道德的行为。人们常常沉迷于个人主义式的消费活动，不关心消费之外的其他问题。但是，假如二者结合起来，我们就能通过消费选择表达自己的价值观，或提出真正能够产生社会影响的政治要求。用纳奥米·赫兹（Naomi Hertz）的话来说就是："我们可能不再投票，但我们都要消费。"

　　类似的主张也适用于投资者和雇员。投资者本身不一定具有道德偏好；但如果他们相信，消费者已经存在或很快就会存在道德偏好，那么他们就会青睐那些社会责任声誉良好的企业。二级市场上的投资者对巨大的、有活力的、道德的企业更感兴趣。这样的企业并不只是提供适合当前需求的商品和服务，而是尽力形成消费需求——这才是"营销"的真正含义。因此,企业不仅可以选择对什么样的偏好做出回应,还可以选择它们想要创造什么样的偏好。企业就像一个组织一样,积极地进行这种选择。

企业社会责任研究通常需要区别短期利润最大化和长期利益最大化,前者可能是股东的兴趣所在(特别是股票市场的股东),但后者若被忽略,企业就会处于危险之中。机构投资者、风险资本家和高层管理者也关心这一点,但是,当前的市场无法依靠自身轻松地解决长远问题。通常情况下,长期行为要求企业能够暂时(仅仅是暂时)通过组织预测市场,或把市场和组织行为结合起来。企业会从社会上的某些地方得到必要的信息,那就是为实现长期利益,必须承担短期成本以解决负外部性。由此产生了一个有趣的问题:企业从哪些地方获得这种信息呢?通过关注当前和未来可能出现的社会问题,和当前弱小但未来可能非常强大的社会组织,企业能够预期未来的变化。企业参与社会责任活动,可向投资者传达这样的重要信息,即企业关心各种可能发生的事情,意欲与潜在的消费者建立密切联系,而不仅仅是关注道德问题。

这些观点似乎解决了弗里德曼理论的另一个问题——企业冒着降低效率的风险追求社会责任——这也是企业社会责任的根本难题。但是,可以用未证假定来论证,企业将从众多的选择中,做出能为企业未来的市场机会提供明确方向的选择。在上述的分析中,企业管理人员会根据自己的个人判断,做出有关企业应对社会问题的解释。在上一章,我们考察了迈克尔·杰森关于此处涉及的道德风险的观点。他把企业社会责任视为管理人员大加利用的问题,目的是获得企业自主经营权,以牺牲股东利益为代价追求自己的个人利益。但这种观点依赖于下述假定,即股票价格传递的信号总是优先于管理人员关于企业前景的评估,因为前者是一个中立的市场机制,而管理人员和其他专业人士的评估容易受到个人利益的左右。但在实际中,这不一定是事实。在不确定的情况下,股票价格有时可能反映相互强化的错误的认识,而管理人员可能提供合理的专业建议。例如,在网络泡沫形成的早期阶段,正是股民的无知才推动股票价格上涨,酿成了后来的市场崩溃。最近的金融危机更是提醒我们要对现货市场的信息质量存疑。这些都为管理人员寻求自主经营权，采取创新行动提供了充足的理由。

　　企业社会责任也可以帮助企业获得消费者信任。顾客、小额投资者和其他人很难判断企业是否诚实，但企业可以采取大量的措施，树立诚信经营的声誉。实行引人注意的企业社会责任战略就是其中一种手段。因为顾客愿意相信，积极参与社区事务的企业具有良好的责任意识，不太可能从事骗人的行为。投资者也是这样。换句话说，企业可能发现，为减少自身行动带来的负外部性（或增加正外部性），通过在短期内承担一些成本，却可以在长期内收获外界信任带来的好处，这是非常划算的。当然，企业所需的是良好行为的声誉，并不一定是良好行为本身。企业也许只需要一些口号和广告，而不是实质性的行为改变。假如企业追求社会责任的实际行为要让顾客、投资者和其他人知道，就需要广告支出，因此，只追求声誉的成本总是要低一些。这种更深层次的信任问题导致一套专门监管企业社会责任行为的信任制度的发展，许多不同的企业和民间机构为此开发了平衡计分卡和测量指标。

　　这种压力时常要求企业不能把社会责任仅视为一种公关行为，不过这种压力也并非来自不计其数的消费者自发一致的反应。约翰·坎贝尔（John Campbell）在"为什么企业的行为要对社会负责？"（Why Would Corporations Behave in Socially Responsible Ways? 2007）一文中指出，企业的压力来自企业所处的政治环境和社会环境。当这种压力达到一定程度，就必须被组织起来。围绕环保问题、发展中国家的公平贸易问题，以及"血汗工厂"的工作条件问题，许多非政府组织展开了积极的行动，鼓励消费者抵制企业不道德的、破坏环境的行为，当然，它们偶尔也会呼吁消费者关注企业道德的行为。这标志着从企业自身形成的企业社会责任观到运动集团形成的企业社会责任观的转变。它使企业面临着一个真正的新政治任务［内隆（Néron，2010）；沃戈（Vogel，2008）］。企业一旦参与政治生活，立即就会成为一个政治活动中心。法律和法规的存在通常可以为各种社会运动提供至关重要的平台，使反企业的批评家们除了间接攻击政党和政府外，还可以直接攻击企业。随着企业的势力从市场延伸到政治生活，反企业批评家也开始通过直接的政治行动和市场压力对其展开攻击。

甚至还可能出现的情况是——虽然只是偶尔和很少情况下——企业对这种压力的反应比政府更加敏捷。因为，首先政府可能对履行绝不干预企业的承诺非常痴迷，以至于它们对企业实行的总体策略是尽量给企业自由。同时，有些企业对消费者细微的偏好变化带来的市场机会非常敏感。例如，几个欧洲国家就曾对转基因产品展开了有趣的争论。因此，虽然连锁超市为消除消费者的普遍焦虑，一再宣称它们的货架上没有转基因产品，但有些政府仍然对转基因产品进行保护。

针对巨型企业而不是政府开展的运动有一个更大的优势，这就是它们通常具有重要的国际性，因为企业本身常常跨越国界。消费者和这些运动的发起人结成国际组织，其关注的对象常常是发展中国家。因此，这些运动意味着播下了"跨国公民社会"种子的萌芽。与此同时，政府、政党和政治体系仍然具有根深蒂固的民族性，它们依然没有超出民族国家的界限，依然追求本国的利益。任何无关痛痒的，仅在官方层面的协调一致的行为，离公民社会都非常遥远。

最后，如前所述，企业在政治生活中的作用影响宪政制度中民主作用的发挥。围绕企业的各种反对声音也是如此。各种运动和事业团体的生机与活力，证明了一个活跃的、多元公民社会的存在。公民社会不等于民主社会，因为在民主社会，所有成年人都有权参与选举过程。本书的大部分内容都在讨论政府、市场和企业的三角关系。但在本书的写作过程中，我们发现第四个着眼点——公民社会，正在成为第四种力量。公民社会与政府和政治有什么关系，它们如何相互作用？这是下一章的内容。

第7章
价值观与公民社会

前几章我们已经集中论述了以市场和企业为主导的社会中存在的种种问题。偏左思想认为，对上述问题展开的各种争论，最后只不过说明了民主国家采取行动进行干预的必要性。但是，假如我们对政治机构的正直和能力持怀疑态度，情况会怎么样呢？目前，有两大原因表明我们的怀疑是合理的。第一个原因与政治上的右派和弗吉尼亚公共选择理论学派的思想有关，该思想强调政治家和其他政府官员追求自身职业目标而非任何社会利益的可能性，以及通过政府典型的、自上而下的行政过程实现社会利益的困难程度。按照这种逻辑，市场应该作为解决问题的优先选择。第二个原因与政治上的左派思想有关——左右派其实都认为政治家和政府官员容易犯错误，但前者特别强调，政治与商业的纠缠对民主国家政治腐败的产生有巨大的影响。此外，左派思想家坚持长久以来有关市场解决问题能力不足的观点，认为政府的适度监管有利于市场发挥自身的调节作用，但监管过度则会造成企业和政治联系过多，引发新的弊端。

本书前几章已经表明，出于两个原因，对市场和政府的批评已经变成陈词滥调。首先，主张新自由主义的政治右派所指的"市场"实际上往往指的是企业；其次，长期以来，政治左派视政府为制约市场和企业的主要力量，但在今天，不管执政党的意识形态具有何种渊源，其组建的政府可能已经变成巨型企业的坚定同盟者。

政治民主和市场都宣称，可以利用个人的才能和辛勤奋斗为集体利益服务。为实现上述目标，政治民主要求野心勃勃的统治者通过定期选举，寻求为大众所认可的合法化，并接受不定时、不间断的调查、监督和批评。市场则要求财产所有人通过生产消费者乐意购买的产品和服务以维持其财富。遗憾的是，这些并不是人们常说的民主和市场的作用。按照消费主义的观点，它们的作用是为民众实现某些目标提供手段。政治权利和经济财富存在了很久之后，人们才试图用民主和市场去约束它们。可以这样说，民主和市场在人类历史上从来没有占据过主导地位，因为人类历史主要是拥有权力的少数人对多数人的统治与剥削的历史。早在公民个人从公共政策或市场中谋利之前，已经有人起来反对少数人对多数人的剥削与压迫了。在政治和经济问题的讨论中，人们常将市场和个人归为一类，将国家和集体归为一类。通过进一步的反思，我们认为二者与公共事务——使用权力解决问题——都有关联，而且二者都可能被私人利用。

人们常用道德的眼光评判个人与集体之间的冲突，尽管我们可以使用截然相反的视角审视这种冲突。在许多思想体系中（例如，传统的宗教、历史保守主义、社会主义等），集体利益代表阻止个人为私利而破坏秩序和损害他人利益的道德价值观。在其他的思想体系中（如基督教之外的其他教派、古典自由主义、各种极权主义的反对思想等），个人主义仅要求对个人行为负责，反对集体主义的价值观。

个人主义和集体主义都是真实存在的。但是，道德的个人在打击不道德的集体活动时，往往代表了一个假想的道德群体。完全的个人主义也讲道德，这在追求私利的个人看来似乎有点矛盾，或至少说这种道德非常有限。人类生活必然的集体性质要求我们约束自己的行动。假如没有别人的照顾，初生的婴儿根本不能存活。即便是可以独立生活的成年人，假如他完全独居而不和任何人打交道，他也可能很快生存不下去了。但是，在相互依赖的团体中，总有人想要通过各种方式，包括直接剥夺或激烈镇压，凌驾于他人之上。人们需要彼此的善意行为，为此，政府设置警察机构，市场提供经济激励，但是，政府与市场并非总是有效，也并非时刻存在。我们必须表明，我们的举止合情合理，以免有人怀疑我们有欺骗的倾向。犯罪分子和骗子常常披着善行的外衣，私底下干着不法的勾当。但是，大多数情况下，我们都能躲过他们的圈套。这样的日积月累，使我们对集体生活的制度产生了一种道德预期，至少认为在集体制度中我们可以公开讨论道德行为。私底下，这一切可能完全不同——我们甚至考虑使用最无耻的手段，只要我们认为能够逃脱惩罚。尼科洛·马基雅维利* 在《君主论》中强调，君主为夺取政权、维护统治，可以行欺诈之术、不顾信义。马基雅维利的这种主张以及他那丝毫不加掩饰的率直态度，不符合当时仍占统治地位的封建道德规范。历史赋予他的回报是，授予他"政治生活残忍无情的揭露者"和"政治行为理性分析奠基人"的称号——这两个称号之间并没有必然的矛盾。

这种观点认为，集体生活为个人的道德行为施加了约束，与此同时，个人想要摆脱这些约束，以便能够悄然超过别人。人人感谢别人受到约束，人人渴望表明自己受到约束，以便被别人看作"好人"。

但是，通过利用某一个集体的力量来反对别人，从中渔利，个人就可利用集体主义追求自利的目标。集体主义可被用来反对外部人，实现掠夺，也可被用来反对内部的少数派，或反对不受欢迎的个人。使用冠冕堂皇的语言就能实现上述目标。集体主义本身在道德上并不比个人主义优越，反之亦然。但集体主义的存在却为讨论生活的道德标准提供了平台。

政治和市场为解决这些难题提供了截然相反的方法。我们期望政治舞台上的演员满口仁义道德，为自己的行动和目标提供冠冕堂皇的理论解释。如果他们使用赤裸裸的不道德的语言，我们就会感到震惊，感到不安。在民主国家，掌权者、争权者和普通大众之间关系的本质决定了这些规则的存在。不过，就是独裁政府和专制君主也常常用这种道貌岸然的方式解释他们的行为。冠冕堂皇的语言不必是真实的，但是，在民主国家，发表道德的言论至少是应该的，甚至可能成为一种殊荣。政治行为指向的集体主义——最重要的是民族国家——通常由政治演员运用道德来定义，因此具有道德特征。例如，政治家通过福利国家政策传达的集体主义思想是，所有的社会成员对彼此都有责任。但是，这些集体可能对其他集体，抑或是民族国家内部的少数派实施不道德的行为。

---

* 尼科洛·马基雅维利（Niccolo Machiavelli，1469—1527）：意大利政治思想家和历史学家。1513 年 12 月，他的惊世之作《君主论》问世。——译者注

第 7 章 价值观与公民社会

相反，市场是不讲道德的。任何目标或行为，只要在经济上可行，都符合市场规则。市场唯一不能接受的是没有收入的未成年人参与色情活动。另一方面，市场的集体性具有潜在的普遍性。除支付能力之外，国籍、民族、性别、年龄、身体状况等对市场都没有影响。而且，如果市场接近完美，则要求所有参与者都遵守市场规则，不允许任何人损害他人的利益。因此，市场与政府和价值观的关系非常复杂。我们接下来就会表明，价值观对解密政府、市场和企业的合谋行为形成的神秘黑匣子极为重要。为此，我们必须进一步考察它们在社会上的地位。

在人类历史的大部分时间，宗教都是人们解决这些问题的重要渠道。宗教的做法是，强调人与人之间的关系必须服从对上帝的更大责任。因此宗教组织的任务是解释上帝的意志，及其对人类负有责任的含义。这个组织提供的强大框架甚至可以用来解释非人道行为的合理性。宗教的价值观通常以某种集体主义为导向，使人们相信自己对这个集体负有道德义务。但是，就像政府一样，这些集体主义的界定可能非常狭隘，允许甚至要求排除或者反对外部人。宗教还对教徒探索价值观问题的答案限定了不大不小的空间，因为如果空间过大，宗教的指引力量就会被削弱；如果空间过小，就会面临执行问题。如果人们严格地遵守宗教界定的价值观，那是出于对上帝的敬畏，及对上帝惩罚不顺从的人类灵魂的恐惧。如果宗教力量不足以驯服人们的行为，宗教组织就会求助其他力量，如号召社会驱逐不顺从的人。

居于统治地位的宗教常常依赖或拉拢政府，把政府作为执行机构。在西方世界，教会对政府力量的依赖在丧失部分价值观界定的垄断权后达到了顶峰。渐渐地——有时也像法国大革命那样突然——政府不再为偏爱的宗教信仰提供保护，而是直接制定和传播价值观。结果，政府不再是君主合法的私人财产，而是所有财产的合法所有人，一个"具有公共性质的机构"，到最后，成了一个民主国家的代表。政府就这样成了集体利益的完美代表。

当前的现状也大致如此。当人们讨论某些道德应该实现的目标时，往往把讨论内容变成了政府应该完成的任务，或政府应该鼓励人们完成的任务，或政府至少应该为人们完成这些任务提供空间。在民主国家，上述讨论主要通过辩论和冲突进行。但是如上所述，在专制国家，政府也常常披上道德的外衣粉饰其行为和主张，彻头彻尾的颠倒黑白的措辞倒是极为少见。

在这场争议中，赞成自由市场的哲学家并不认为，道德导向与个人确保自己私人目标的权利有任何关系。相反，他们指出，只要市场是接近完美的，无数个人自利行为产生的结果与整个公共福利就是一致的。

根据我在本书中的主张，我并不认为，"企业"只是"市场"讨论中一个微不足道的话题。就价值观来说，企业和市场的地位是截然不同的。企业可以被认为是一个处于价值观领域之外的角色，追逐自己的利润，依赖市场确保无数营利活动的结果有利于集体利益的实现。但是，正如我们在前一章表明的观点，企业社会责任——假如不仅仅是一种公关行为，事实上它常常都不是——使企业与道德的价值观之间的关系变得既不同又模糊。从一个方面来说，企业社会责任说明了企业承担的道德责任；从另一个方面来说，企业社会责任为企业提供了设置道德准则的方向。例如，连锁超市可能决定强调捕捉金枪鱼的办法"不会伤害海豚"，但同时悄悄地压低第三世界服装供应商的供货价格，哪怕这意味着该供应商的员工得到的工资难以维持生计。

在法国大革命前夕，贵族们提出了"贵族的义务"（noblesse oblige）这一概念。根据这个概念，为了获得享有特权的社会地位，贵族应该对社会上的其他人承担一系列的道德责任，但这是一件纯属自愿的事情，贵族可以自行决定承担哪些义务，没有任何外部力量能够强迫他们。目前，企业社会责任在许多国家，特别是（但不仅是）发展中国家，起着与"贵族的义务"非常相似的作用。企业可以从众多价值观中选择自己要努力实现的目标，但假如它们改变主意，不再坚持原来的选择，它们随时可以停止。企业可以评价自己是否成功，但是，企业社会责任的存在和批判性的讨论确定了道德标准与企业行为的关联，使道德讨论可以以一种不同于"贵族的义务"的思想进行。

这就是20世纪我们开始对价值观问题进行公开讨论面临的复杂环境。首先，在某些场所、某些地方，强大的、正式的宗教组织代表着公共领域一种永恒的、无限的（虽然常常是不宽容的、狭隘的）价值观。

今天，这种现象在美国、非洲和伊斯兰世界的某些地方仍然存在，欧洲、俄罗斯、拉丁美洲、中国和日本的情况已经改变，而印度则介于二者之间。但是，在一切实行新自由主义的民主国家，宗教并不能威胁民主国家对主流价值观的解释权。令人奇怪的是，在今天，在世俗价值观受到强大挑战的现代国家，其宪法强烈坚持国家与教会的分离，例如美国就是这样。

其次，在世俗化的社会，政治舞台是大多数人解决与公共利益密切相关的道德问题的论坛，政府承担处理道德问题的主要责任。但在自由的民主国家，政府并没有对价值观的表达进行集权控制。政府就像某些宗教一样，为价值观的表达留有一定的自由空间。

第三，在大多数时候，市场保持道德中立，或不道德，但它总要约束市场参与者的行为，远离自利的结果，更远离自利的目标。此外，市场还坚决反对歧视行为和排他行为。

最后，由于有许多企业参与企业社会责任行为，这为价值观冲突和价值观验证提供了一个可与正式的政治舞台媲美的新公共空间。这个空间目前仍然较小，但却在不断扩大。因此，价值观领域是一个支离破碎的、不断受到考验的领域，少数集团总想获得这个领域的统治权。这就为各种不受政府、市场、企业偏爱的利益集团进入价值观领域提供了机会。

在现代的民主国家，特别是在多元文化的民主国家，代表不同的，甚至相互冲突的价值观的呼声不可避免地混杂在一起。有人说，价值观有"市场"，但由于找不到一个像价格之类的东西把价值观的供求联系起来，所以市场思想在价值观领域的运用极为有限。但是，假如真的出现价值观"市场"，我们是更喜欢具有众多供应商的完全竞争市场，还是由三四家供应商垄断的"芝加哥"市场呢？在许多现代社会，人们对这两种市场都有偏好。前者指市场上存在大量刚起步的运动集团，它们的资源非常有限，但却对主流价值观提出挑战，并像努力寻找利基市场的小企业一样，参与价值观的讨论。后者意味着我们社会的许多公开讨论受到少数具有法人地位的媒体集团的支配，有些巨型企业甚至采用本书描述过的方式，限制政治党派之间进行严肃的政治争论的范围。如果我们要挑战政治化的企业力量的主导地位，主要希望就寄托在前者身上，因为它显示着价值观领域存在多样化的利益集团。一种确保我们不受支配和统治的更进一步的方法是确保没有任何领域支配其他领域，以及已经控制一个领域的事物不能轻易地将其控制延伸到别的领域。从目前来说，这既是对政府在价值观界定中重要作用的挑战，也是对渴望得到政府优惠待遇，或得到政府授权成为公共事务管理组织的企业的挑战。

·公民社会·

上述讨论为我们提出了一个非常重要的概念：公民社会（Civil Society）。这个概念在 21 世纪初，主要用以解决多样性和平衡问题。亚里士多德的城邦思想在其思想体系中居于核心地位，涉及公共生活的所有领域，但在这里，"公共"的含义指有限的、能够识别的公众，而不是普遍大众。在城邦中，自由的男性公民共同处理公共事务，所有人过着有秩序的生活。城邦具有上述使人们能够超越私人利益的三大机构。在城邦中，个人和家庭均属私有，公与私形成鲜明对比。政治、价值观（宗教信仰）与市场相互制衡，共存于城邦之中。

亚里士多德的思想在 16 世纪的城邦佛罗伦萨被译为拉丁文，译者将城邦一词译作"公民社会"。在接下来的几百年时间里，欧洲的城邦被置于公民社会外部，且被凌驾于公民社会其余机构之上的政府所征服——就像希腊城邦在罗马帝国统治时期的遭遇一样。贵族和君王的得力干将形成庞大的家族，垄断了国家的控制权，弱化了市场、政治和价值观曾有的公共统一性。在这种情况下出现的最好结果是政府与其他的公共领域相分离，最坏的结果是政府成了统治者家庭的一部分。因此，当公民社会的概念在 19 世纪开始重新得到使用的时候，它通常把政府排除在外。至此，这个概念已经变得本末倒置。对马克思来说，公民社会变成了市场，交换关系使人远离了民族国家的生活。但是，使人奇怪的是，亚里士多德自己运用的希腊语——城邦（polis）仍用来创造与政府有关的新词语，如政体、政治、政策、警察。

这一概念在20世纪初再次引起思想家们（最初在中欧和拉丁美洲）的关注。由于市场早被视作大型企业和冷漠的交易场所，所以思想家们努力在政治和市场之外寻找一个人类对话和交流的领域。希望市场转向公民社会，于是，马克思的那句话现在就颠倒过来了。在今天，社会哲学家和普通人都认为，"公民社会"通常指政府和企业之外，参与公共事务的组织和非正式机构。值得注意的是，它们竟然得到了一个荒谬的名称"非政府组织"（NGO），比这个名称更恰当的是德文"公民行动"（Bürgerinitiativen）。公民社会在今天是否包含宗教组织仍然界定不清——但如果宗教组织失去权力，通常就会成为公民社会的一员，这一点强化了捷克剧作家瓦茨拉夫·哈维尔（Václav Havel）在20世纪80年代提出的有关公民社会"无权者的权力"（the power of the powerless）的思想。哈维尔曾担任捷克多个民间组织的领导人和发言人，甚至担任捷克总统。他用"无权者的权力"代指中欧和东欧存在的，处于政党国家之外的公民社会。公民社会包括志愿部门，虽然远远不只志愿部门。它指超越私人目标，但未依靠当代主要的权力机构——政府和企业——的人类行为的所有延伸。

这种公民社会方法是由德国人尤尔根·科卡（Jürgen Kocka）于本世纪的最初几年，在柏林的社会科学研究中心组织的一个项目中提出来的。科卡还在2004年的文章"历史视角下的公民社会"（Civic society in historical perspective）中，对上述方法进行了很好的发展和整合。他指出，在不同的历史时期，公民社会具有不同的含义，并强调在今天，公民社会指的是一个与经济、政府和私人生活既有关联又有差异的领域。它以公共冲突、对话、妥协和理解为导向，承认多元性、差异和冲突的合法性，并认为它们应该以非暴力的形式存在和运行。这为当代民主国家对市场、政府和企业开展以价值观为导向的批评提供了空间。政府和企业确实主导我们的社会，但存在一个充满活力的竞争领域。在这个领域，我们可以对政府与企业的主导地位提出挑战，用公共目标的概念考察现实经济中的工程与项目，挑战政府对集体价值观合法解释权的垄断地位，反驳"企业价值观就是股东利益最大化"的口号。

公民社会之所以能够加入价值观领域的战斗，是因为企业和政府在这个领域的力量非常薄弱：企业常常根据利润绝对优先的原则，宣称自己可以不遵守道德标准；政府则出于相反的原因，披上了代表社会集体价值观的外衣。在金钱和权力的冲突中，价值观是脆弱的武器，但并不是毫无意义的武器。偶尔，无权者的组织也能利用更加实质性的武器，如游行、罢工、联合抵制，甚至骚乱等。或者，就像查尔斯·萨贝尔（Charles Sabel）在1999年与同事讨论过的观点，公民社会集团可以和地方官员或规制者一起，参与实际项目，提高污染控制等领域的标准，但所有这些行动通常植根于价值观驱动的活动。

我们至少可以考察五种集团，它们是公民社会中主要由价值观驱动的典型代表。

第一，我们必须考察政治党派的边缘化组织。它们把政府与更广泛的社会联系起来，也常常是促进各种事业与问题进入政治体系的工具。因此，它们对公民社会，对抗议政治体系中的企业力量至关重要。但是，它们也可能变成"受到污染的渠道"，左右当政者的信息来源，限制当政者的施政空间，使当政者无法了解他们真正需要解决的问题。在民主出现的早期，特别是在代表政治左派的政党中，许多投身于公共行动的人都倾向于通过政党和可能与政党具有密切联系的组织来实现他们的目标。这是因为他们相信，在以政党为基础的民主国家，只有通过那些奋力争取权利的人，才能挑战富人的权力。无产者只能使用这个武器来挑战渗透于社会其他领域的传统力量和财富力量。假如企业成功地控制政府力量，这在今天将是一个不明智的选择，即便它曾经有一定的意义。在今天，依然受到企业控制的政党变成政府和企业的工具，公民社会的敌人。从另一个方面来说，当代社会产生了许多不同的、小规模的、未与财富结盟的事业组织。如果这些杰出的事业组织试图不依靠政党进行独立的运作，这将是非常不明智的，因为它们需要对社会体系内的其他机构施加压力。政党就这样成为了公民社会最有效的渠道，特别是当公民社会实行与过去相反的策略的时候。政党必须对那些渴望保持自主，但同时又出于某种原因必须与政党结盟的集团采取开放、欢迎的态度。这种状况在民主国家已经存在数年了。从目前来看，公民社会和政党领袖存在一定的冲突，因为后者要求前者服从于自己的意志和命令。

第二，宗教组织可能已经丧失价值观领域的统治权，但它们仍是价值观领域的主要参与人，并具有独立于企业和政府的资源。它们容易受到强大经济利益的左右——在美国就是这样，例如，美国教会大力宣传人类行为与气候变化没有关系。受控于强大的经济利益是此处受到考察的所有集团都面临的风险。更重要的是，对于常常受经济推动的政治目标和经济目标，宗教集团可以提出得到权威人士支持的道德挑战，不管人们在具体的情况中是否同意这一点。

第三是上面提过的各种运动集团。在今天，当人们提到公民社会的时候，最可能想到的就是这些运动集团。科卡具体列举的公民社会也包含了这些运动集团。但事实上，这些运动集团与本书考察的其他集团也有共同特征。当然，运动集团不一定能打击大型企业的力量。大型企业利用手中资源能够完成的一件事就是帮助甚至创造符合它们利益的社会运动。对此，一个教训深刻的例子是，拥护者认为某些新药可以治疗癌症和其他重大疾病，为此发起轰轰烈烈的运动。病人和病人家属结成联盟，鼓动当局批准这些药品，但当局却对这些药品持怀疑态度。这些好像是充满活力的公民社会的典型例子——通常情况下它们确实也是——但有时，这样的运动背后是由医药公司主导和资助的，目的是让当局仓促地批准那些它们还不成熟的药品。

从反对压迫到保护野生动植物，运动集团攻击政府的原因多种多样。但是，如同前一章提出的观点，近年来，直接寻求企业行动而不是政府行动的运动发展迅速，变得越来越重要。这既是对企业政治力量的证明，也是挑战。

第四是与各种运动集团相互重合但又有所区别的组织：志愿者组织和慈善机构。二者的区别在于，运动集团常通过对抗性的、冲突的方式，迫使政府、企业和其他机构采取行动解决它们提出的问题，而志愿者组织和慈善机构一般是使用非政府或非企业的手段，直接提供资源解决问题。许多组织兼用这两种形式，但在这里我们需要特别关注志愿者组织，以说明政府和企业并不是我们社会唯一的力量来源。我们在讨论教会的作用时也提到了这一点,这些范畴存在很大的共同性。

人们现在使用的"慈善"一词具有深厚的宗教根源,但该词在基督教里却是对拉丁语"博爱"——人类世界和神的世界中普遍的关爱思想——的修正。除了包含博爱的思想,该词在今天包含的内容比19世纪广泛得多。该词的含义在13世纪得到托马斯·阿奎那(Thomas Aquinas)的丰富和发展,所以在六百年后,当欧洲的天主教面对产业革命早期阶段带来的贫困危机和社会异化时,阿奎那的作品再次激起人们浓厚的兴趣。慈善不像其他形式的爱,其范围具有普遍性,所以慈善活动可以指向陌生人;慈善又是利他的,所以不要求别人的回报。长期以来,慈善本身常被教会用来表述上帝的爱,以及上帝自己和上帝要求信徒们承担的善意行动。在政府提供社会福利之前的几百年时间里,福利的分配和非人类的天国的部分安排,都是教会的事情。

当代慈善活动的概念直接源自这些思想,但却又遵循特别的逻辑。通常情况下,人们只能用以下三种方式中的一种来理解公共行为的导向。第一种是政治,它认为公共行为要么是为追求政治权力,要么是由政府要求、资助和组织的行为。第二种是市场,它认为公共行为要么是为追求私人利益,要么是由企业要求、资助和组织的行为。假如它既不属于政治,又不属于市场,那就一定属于价值观领域。这时它的目的既不是为权力,也不是为物质利益,而是像博爱思想一样,按宗教的模式来实施,但它也可以是组织不太严密的世俗组织或非正式集团的一部分。

事实上,慈善活动或志愿活动绝不会仅存于价值观领域,其势力也会拓展到其他领域。例如,它们雇用员工,持有需要参与资本运作才能增值的资产;它们受到政府颁布的法律的约束;为慈善机构工作的个人可能具有自利的动机等。所有其他的组织也都是这样一个混合的存在,如政府也要利用劳动力和资本市场开展活动,也提倡价值观和忠诚;企业需要法律的保护,并努力培养雇员的忠诚等等。但是,慈善活动与政府和企业在价值观构成上存在重大区别,因为在慈善活动中,价值观起着特别重要的,事实上是主导的作用。利用这种方式,慈善活动进入了先前由教会主导的价值观领域,即便慈善活动完全被世俗化,它仍然属

第 7 章　价值观与公民社会

于这个领域。在政府宣称对价值观定义具有主导权的社会，慈善活动成了一个潜在的备选，甚至可能是一个竞争对手。

那么，慈善活动或志愿活动的合法性在哪里呢？假如它的根基是教会，则可因宣称对教会的忠诚而获得合法性。假如它指某一个具有共同身份的社会，则可以获得该社会身份的合法性，及像所有拥有该社会身份的人一样，拥有对其他成员的权利和义务。有些人宣称慈善活动的真正普遍性是具有道德上的优越性。这是一种很难引起重视的主张，但却是大量慈善活动指向的目标。它引起持续的讨论和对话，需要动用残存的宗教价值观、康德理性普遍主义的思想，以及人类共同利益的主张作为武器。这是一场难以达成共识的、无休止的讨论，但随着这场讨论的持续，会有许多人认为必须找到一种价值观导向方式（既不是政治导向，也不是市场导向），把个人的自利目标与广泛的"社会普遍需求的"道德义务联结起来，并为之做出大量的实际努力。无数个世纪以来，人类文明理所当然地认为，城市和社会的发展代表人类对地球上最大的实体——自然界——的胜利。但在最近几十年的时间里，当环境破坏的恶果开始威胁地球和全球气候的时候，慈善机构开始关注自然保护。

第五，我认为公民社会应该包括专业人士。他们已经形成一套完整的行业规范，制约所属行业的行为。这些专业人士有时可能挑战利润最大化逻辑。有些职业已把行业规范纳入行业章程和培训计划。在某些情况下，工人也会对行业规范有一些非正式的了解。像志愿者活动一样，这些专业工作的主要目标不是斗争和运动，而是作为一份正式职业，为从业者提供生活所需。但是，由于"职业"这一概念隶属于价值观领域，所以偶尔也能够作为抵制政府与企业的武器。

价值观的根源在于宗教，至少在西方世界是如此。所有的职业概念（包括呼唤、职业以及德语 Beruf）都来自聆听上帝的召唤（call）继而从事宗教活动的思想。这种思想在现代生活刚刚开始的时候，传播到某些世俗的职业，但同时保留了宗教思想的原旨，认为职业不仅仅是一种形式，而且是一种具体的工作。从业者对这种工作负有道德义务，而且还能通过它实现超越个人物质利益的目标。这种思想在许多具体情况中可能就像在教会中一样，已经成为一个糊弄人的口号。事实上，这些道德口号可能只是为许多无耻活动提供的保护外衣,使其不被发现,不被怀疑。这就是市场化政府的管理者特别想要提出的,对职业的解释。但是,处于"召唤"概念核心的重要观点是,工作的目的不是为满足个人私利,因为工作不仅是政府的一种要求,或对市场的一种反应,而且是为了实现更高的价值观目标。政府认为,自己对工作目的和工作方式的决策在民主制度中具有合法性;企业则认为,其董事会或高层管理人员可以要求雇员为实现股东利益最大化牺牲职业道德。因此,那些认为自己的工作是聆听上帝"召唤"的人,根据他们的服务对象,可能与政府和企业的要求产生冲突。人们很难避免这样的价值观冲突。

公民社会所有构成成分——掌权的政治党派、教会、运动集团、志愿者组织以及专业人士——的观点或要求,都具有潜在的危险。那些声称自己行为道德的人,可能只为实现个人野心,有时候这些人的行为甚至像商人或政治家一样,极端腐败。为实现某项事业而成立的团体可能既包括那些肩负内部任务的集团,又包括那些具有排他性的集团。即便是那些坚持自己的主张具有普遍适用性的组织或个人,也不能垄断其对自己主张的解释(天主教会、法国大革命、苏联等国家先后都这样干过)。坚持自己的知识具有神秘性质的专业人士只不过是在愚弄公众,或至少在从事寻租行为(收取很高的费用),因为根据定义,消费者必然缺乏足够的专业知识,难以做出明智的选择。

因此,这些组织需要像企业和政府一样,接受审核、批评和监督。我们相信,企业和政府非常乐意为它们提供这样的服务,或至少很乐意对那些长期批评它们的组织提供这样的服务。例如,当科学家研究人类行为对气候影响的时候,往往受企业资助的否认气候变化的团体的阻挠。我们最不愿意看到的就是这些团体受到企业和政府的控制,但这种事时常发生。例如,假如志愿者组织愿意遵守政府而不是自己的章程,政府就会把它们吸收进自己的决策机构,为它们提供资金,让它们接管通常与政府事务有关联的任务。

没有任何方法能够保证,为公民社会服务的人能够一直保持崇高的道德目标,因为没有任何东西能够阻止企业与政府为得到有利于自身利益的结果去干预公民社会。我们希望看到的只不过是公民社会的多样性，以及持续存在各种批判性的、质疑的、争论的声音和由此产生的实际行动。维持一个存在众多厂商、竞争激烈的现实经济，将比维持一个由巨型企业主导的芝加哥学派定义下的市场更加困难，但是，存在一个代表竞争性市场的公民社会至关重要。

从这一点来看，公民社会是一个无政府状态的空间，但这并不意味着公民社会赞成完全的无政府状态，因为企业和政府肯定会维持我们的秩序。在我们今天看来，公民社会在政治和经济力量留下的缝隙中挣扎，就像突然出现的乱七八糟的小房子一样，为摩天大楼遍布的大街注入了一股活力。由于公民社会包含各种相互竞争的团体，具有不同的、有时甚至是相互冲突的道德观，所以它也体现了一种道德相对主义，但这仅是一个在整体体系中处于中等水平的道德相对主义，其中大多数参与人的行为都具有道德目的。因此，我们的希望就是，在包含价值观多元性的社会，没有任何宗教或信念能够取得绝对的霸权。

第 8 章

还剩下多少正确的思想？

在新自由主义出现之前的 30 多年时间里，部分发达国家通过需求管理和福利国家政策取得了惊人的成就——社会差距和经济差距逐渐缩小，社会稳定性逐渐增加。新自由主义主要利用民主的民族国家的力量，在社会经济生活中取得主导地位，颠覆之前的政策主张，使贫富差距日益扩大。从政治上来说，新自由主义的胜利好像代表了政治左派在思想和组织力量方面历史性的失败；代表了右派的胜利和右派对强大的、富有的、掌握权力的个人的偏爱和对有助于维持社会秩序的集体利益的忽视。截至 20 世纪 90 年代，先前的政治左派通过接受许多新自由主义的教条，同时努力维持左派的某些经典目标，例如强大的社会和公共服务，展开反击。新自由主义对日益扩大的经济差距持容忍态度，而政治左派却认为必须采取措施进行矫正。这一过程始于美国比尔·克林顿的"新民主"改革。"新民主"传入英国，成为"新工党"；传入德国，成为"新中间路线"，但未得到大部分德国人的信任；被贴上"第三条道路"这个通用标签后，受到之前西欧其他国家及世界上其他地区的社会民主党派不同程度的欢迎。许多人对这种变化感到茫然：他们曾经熟悉的"左派"思想还剩下什么呢？人们用"还剩下什么"这样的词语做标题，写了大量的文章。

这个问题从来没有得到解决。与此同时，新自由主义模式在最近的银行业和金融市场崩溃中遭遇重大危机。像所有模式一样，新自由主义正在变得过时。因此，是时候问"还剩下多少正确的思想"了，因为当代政治右派主张的教条变得好像 20 世纪 80 年代的左派一样，漏洞百出。"还剩下多少正确的思想"也可以从两种更深层次的意义上进行理

第 8 章　还剩下多少正确的思想?

解。第一是考虑到"第三条道路"从未解决"还剩下什么"这个问题，所以不妨问问新自由主义右派留下了什么思想？第二是问"正确的思想"到底是什么？在政府行为受到广泛质疑的社会，我们应该怎样界定所谓的"正确"行为？说到正确的行为，我指的是人类生活的道德归宿，一种有意识地、心甘情愿地把自利目标服从于我们认为的更高尚目标的行为，不管它属于宗教还是属于人道主义。即便我们的行为主要仍是自利的，我们也必须面对事实——除非与他人产生一定的关系，否则我们一事无成，或至少说别人可以对我们为所欲为。因此，我对我们存在的不同集体的特性产生了浓厚的兴趣。

本书第 7 章曾指出，个人与集体的冲突不属于市场与政治的冲突；政治舞台受到个人利益影响的程度不亚于受到道德目标影响的程度；经济学总是坚持市场的作用是在利用个人奋斗实现集体福利。

从 19 世纪末到 20 世纪末的不同时期，民主政治和大规模市场在世界上少数地方取得了非常重要的进步。从目前来看，这二者的中心地带在西欧、北美、澳大利亚和日本。在世界上的某些地方（特别是在中欧、南非、印度和拉丁美洲的部分地区），民主政治和大规模市场日益显现，人们正在享受它们带来的部分成果；在世界上的其他地方，人们还压根没尝到它们的好处。因此，假如我们抱怨二者在中心地带正在被扭曲，好像很不友好。事实上，民主政治和市场目前正在遇到麻烦——集合了不同问题的大麻烦。

民主的问题是，大众太分散，难以集中，所以无法保证政治家受到合适的、确定的约束。与此相反，企业能够对政治家施加压力和影响。有两个重要的机构可以作为公众和政治精英之间的桥梁——政党和大众媒体——但它们的作用已被扭曲。政治党派正在丧失与公众发起的反映民意运动的联系，结果，它们需要大量的资金与公众建立全面的关系。这些大量资金的唯一重要来源是企业和极其富有的个人。大众媒体是民主运行的根本，但现在日益受到巨型企业和极其富有的个人的左右。企业和富有的个人主导民主过程，实现自己的特殊利益。本书写作之时，意大利的主流媒体、金融企业和其他行业的企业、政治党派全都围绕在意大利最富有的人、前总理西尔维奥·贝鲁斯科尼的周围，这是迄今为止,上述政治形式最彻底的表达。在世界上其他民主初建的地方,来自于富裕阶层,缺乏民意支持的党派也在政治生活中起着重要作用。政党就这样成为同时实现政治力量和经济力量野心的工具。

这种现象不仅仅是政治问题,也是市场问题。没有任何政治或经济理论能够证明,那些不受市场约束的、几乎能够主导市场并日益有能力操控政府的巨型企业,能够实现我们的集体目标。芝加哥学派及其消费者福利的观点力图在经济层面做到这一点,但结论不太让人信服。尤其是,它们将市场垄断和经济政治化合法化,但却根本不能解决其带来的政治影响问题。因此,它们表明自己就像自由市场思想的早期传统一样,是有缺陷的。古典自由主义认为,政治上应该有许多相互竞争的力量,经济上应该有许多相互竞争的企业,经济和政治力量严格分离。德国"自由经济秩序"设想的自由市场是这样的,其应该植根于保护拥有财产的中产阶级的法律体系之中,从而防止大型资本和工会组织对政治生活的主导。此外,自由市场还应着力阻止政治和经济力量的纠合。经济自由主义的这些早期思想完全不能代表今天的现实。芝加哥学派尽管有诸多瑕疵,却成功地演绎了今天的经济现实。

全球化加剧了众多产品市场的竞争,为消费者带来了福利。但与此同时,由于需要适应全球化经营,有些行业的企业需要很大的规模,这为该行业树起了很高的进入壁垒,使少数特别能够获得网络外部性好处的巨型企业把别的企业排除在外。结果,伴随一些财富高度集中的个人和企业的出现,国家内部和国家之间的贫富差距日益扩大。美国企业集中了最多的财富,因为美国社会的几个因素,包括国家和军事设施,本身就构成了有利于美国企业的网络外部性。因此,自然而然地,美国的经济学家、企业和政治领导人渴望通过宣传,让全世界都来支持这种模式的经济,美国甚至愿意为此利用其在国际货币基金组织和经合组织等国际组织中压倒一切的影响力。新自由主义思想借助美国政府获得了主导地位,反过来却严重影响了美国经济的独立性,这真是一个特别好笑的笑话。

新自由主义在意识形态领域的胜利,导致对构成该经济的准市场力量和企业力量纠合的过分依赖。在新自由主义居于主导地位的政府、价值观社会和世界上的其他地方，我们未见到新自由主义胜利带来的任何问题。但在某几个国家，我们在把垄断性的公共事业移交给有政治关系的私人业主的私有化过程——一个被18世纪自由市场最初的倡导者严厉批评过的举措——中看到了严重的问题。更严重的是，需求管理的有效私有化（我们曾在第5章讨论过），引发了一场全球性的金融危机。这种极端不负责任的行为发生在世界上主要银行和金融机构，而不是少部分丑恶的、实行半犯罪行为的企业身上。自由市场理论假定，在完美市场，当企业实现利润最大化的时候，整个社会也就实现了效率和财富的最大化。亏本经营的企业是在浪费稀缺资源，损害我们所有人的利益。但是，我们在讨论外部性、公共物品和准公共物品的时候曾经指出，企业追求利润最大化的活动不但无法实现所有对社会合意的目标，而且还可能损害这些目标。如果企业利润最大化的逻辑延伸到社会生活的其他领域，也会损害其他社会目标的实现。

如果认为利用经济效率创造财富的活动不能实现道德目标，或阻碍了其他目标的实现，而把政府看作唯一足够强大、足够代表"公共利益"、能够实施不同评判标准的组织也同样是恰当的。但是，政府也意识到，它们实现任何这种目标所需的资源都依赖于创造财富的活动。企业通常被视作唯一最可靠的财富创造者，所以能向政府提出公共政策要求。企业的逐利活动就这样作为一个社会目标，甚至为实现利润最大化本身根本不能直接实现的目标，享受着压倒一切的特权。

将企业视为创造财富的唯一来源其实是不正确的：教育、受政府资助的研究、公路和其他的基础设施、民法和刑法体系，以及其他若干非市场性的公共或集体工程都对财富创造作出了重要的贡献。事实上，我们大家都对创造财富提供了想法。但是，我们发现，只有企业利润账户上出现的财富才能进行严格的衡量。例如，网络博彩企业创造的一切利润自动归属财富创造，因此看起来好像也能促进人类福利，所以它们不该受到谴责。医学研究证明其价值的唯一方法是让企业成功地把其研究成果变成确定有效的治疗方案——或者，变成能够进行商业交易的药物。这就等于是说网络博彩业的亿万富翁，而不是医学研究人员（除非他们自己建立起高度成功的企业）对找到新的癌症治疗方法起着更加重要的作用。他们利用积累的财富,可以拥有报纸和运动俱乐部、游说政府、进入文化事业的管理委员会或得到享有特权的赞助人名单、影响一个政党的政策——这一切全因为网络博彩能够赚钱,而金钱是万能的。

我们在前面说过,新自由主义批评政府和政府机构不像企业那样运作。事实上,新自由主义在政治舞台上取得的一大成就是让社会上的几乎一切机构——除政府以外,包括大学、医院和宗教机构——像商业企业一样运作。这些机构通常经不起这样的考验。根据定义,如果效率的最佳定义是组织一切活动实现利润最大化这个单一目标,则任何具有多重目标的组织都将是低效的。但是,民主却常常能够有效地保证公共服务组织实现多重目标。

新自由主义人士要求找到可以替代政府的机构,同时使政府慢慢"萎缩"。在这个过程中,新自由主义人士对慈善机构、志愿者组织等部门寄予了越来越多的期望。本书写作之时,这种现象的主要表现是英国的保守—自由民主联盟政府提出的所谓"大社会"计划。这个计划号召以志愿者行动替代公共服务活动,而不是像通常那样,作为公共服务的补充。但是,志愿者组织越来越需要向富人和企业申请经济资助,而后者常常对前者的请求做出慷慨的回应。当然了,当富人决定支持某种事业时,肯定存在个人偏好。这就使富人可以利用私人财富做出公共决策。政府一直鼓励这种私人赠与,因为这样能够缓解政府帮助和支持慈善事业的压力。政府的鼓励措施是通过对用来进行慈善捐赠的金钱免税、扩大慈善基金(多出来的那部分就是免掉的税款)来实现的。因此这种做法提高了富有的个人对公共政策的影响,因为他(或她)可以利用被免除的税款,影响公共基金的命运,尤其是当政府想要鼓励慈善事业更加积极地进行捐赠,进一步减少政府的财政负担时。因此,政府告诉慈善机构,政府将会大大资助那些成功地从私人部门筹集资金的慈善事业,这就进一步扩大了富人决定公共资金分配的能力。

最后,在为公共部门引入私人部门效率的进一步尝试中,政府喜欢任命已经获得大量企业财富,且已担任企业重要职位的人主持公共机构,使这些人能够扩大公共政策的影响范围。我们发现,受新自由主义思想影响的民主社会处处表现出下列特征:极其富有的人,尤其是掌握大型企业资源的人,常不断获得越来越多的权力、影响和特殊待遇。

有一种广为接受的观点是,只要(特定民族国家内部的)几乎所有人都相当富有,存在一些收入差距有什么关系呢?只要大家都有安全而温暖的房屋可以居住,只是有些人拥有别人没有的庞大地产和豪华游艇,这有什么关系呢?他们的游艇又不会使我们的房子变小。但这种观点忽略了财富不平等带来的影响。财富差距导致权力差距从一个社会领域延伸到其他的社会领域,因为财富集中产生权力,权力反过来又促进了财富集中。有些人和有些家庭总能为所欲为,根据他们自己的偏好而不是他人的偏好来改造世界,并把许多生活领域的特权集中在自己手里。这种行为的确缩小了其他人的生活空间,致使我们其余人都成了输家,因为我们在市场之外能够行使选择权的空间,以及我们创造一些适用非商业标准的生活领域的机会都被大大缩小了。亚当·斯密、托马斯·杰斐逊以及德国"自由经济秩序"理论对市场经济的解释可不是这样的。

我们在第6章说过,企业获得主导地位的普遍性为企业本身带来了矛盾的结果。因为巨型企业的主导地位太明显、太公开,所以越来越难逃脱人们的批评与关注——人们认为企业只应该停留在市场层面,不该参与任何直接经济利益之外的事业。不管喜不喜欢,也不管是否能够得到经济理论的证实,企业越来越被看作负有政治和社会责任的演员。当各项运动的发起人揭发企业不合意的行为,努力影响顾客,或有时也影响投资者和雇员的时候,围绕企业就产生了一种全新的政治学。考虑到活跃分子和规制人员施加的适当压力,这可以把企业的社会责任从企业公共关系的一个构成部分变成对企业社会责任敏感而迫切的需求。第6章引用了皮埃尔-伊夫·内隆(Pierre-Yves Néron)和大卫·维戈(David Vogel)最近的文章,这些文章表明,政治学家日渐意识到,企业和批评企业的各项运动,现已构成全球政治体系的一部分。

具有讽刺意味的是,这也成为企业获得社会主导地位的一种手段。通过内部的、不民主的、不透明的决策过程,有些事业得到采纳和宣传,而有些则被忽略。新自由主义范式的各种分支思想,采取不同的路径,甚至反对新自由主义的方式,最终导致的不是对市场的复归,而是企业的崛起。

·回到政府？·

金融危机确实为我们提供了一个仔细审查不断缩小的政府作用的机会，因为金融部门解除规制的做法被广泛认为"过火了"。使资本主义活动尽量不受规制，这是新自由主义战略的绝对核心思想。从 20 世纪 80 年代到 21 世纪初，人们对这种思想的信任使它得到了"大展拳脚"的极好机会。金融危机则差不多证明了它的失败。现在，甚至有一些新自由主义人士也承认某些规制的必要性，虽然他们在其他地方继续叫嚣"不断缩小的政府"（shrinking state）——我们可以自信地说，一旦大多数人已经遗忘这场危机的罪魁祸首，银行业肯定会出现再次解除规制的呼声。（"不断缩小的政府"这种呼声在任何情况下通常都只针对某些政府活动——那些民主国家为普通大众提供服务和安全的活动。在民主出现之前的年代，政府只为精英们的利益服务，包括为富人和强权者提供荣誉与特权；建立一套构思精巧的法律、监狱和警察力量，保护私人财产和保障个人权利；授予富人和强权者获利丰厚的合同。新自由主义人士并不主张政府承担这样的活动。）

现在看看硬币的另一面。我们惊奇地发现，经过新自由主义 30 年来的统治，政府活动大为减少。市场与企业不能实现的集体利益和公共利益被"不断缩小的政府"所忽略，陷入绝境。但是，最严格奉行新自由主义的制度必须关注这样的风险。就拿公共教育、道路维护、对私有化后垄断性公共事业的规制和环境保护这四个例子来说，它们仍是一切民主国家政治争论的重要话题和政府行为的目标。虽然民主制度可能极不完善，但是，保证新自由主义必须与集体和公共目标达成妥协的仍是制度本身，而不是政府的总体规模。环境破坏的可怕记录，专制国家对基础设施的践踏，所有这些都向我们清楚地表明，一个没有民主的大政府绝对不能实现任何集体目标。

关于政府应该做什么，不该做什么的争议继续在政治讨论中热烈地进行。我在这里想将新自由主义批评家们的注意力转向不同方向。一方面，必须制止对政府必须解决许多问题这一观点的疯狂攻击；另一方面，左派人士也必须放弃法国大革命以来主导他们的思想理念，即把集体利益的追求完全等同于政府权力的集中。人们对此提出了以下几点截然不同于新自由主义思想的主张，有些在前面几章的不同地方已经述及。

第一，由于一个不受巨型企业主导，也不能把经济力量变成政治影响的经济几乎难以想象，所以不能相信政府不会积极响应这些企业的要求。这意味着，政府一切制约或规制企业力量的措施最多是"进两步，退一步"。

第二，政府本身不一定是廉洁的机构，而可能是个人寻求权力与欲望的场所。但是，与企业相比，政府远离这些邪恶的可能性要大些，因为政府的行为与决策过程更易受到透明规则和公开程序的制约，而企业则可以利用商业秘密之类的说法为其高度保密的经营活动开脱。政府部门招致强烈批评的任人唯亲或裙带关系在商业界更是正常行为。说到价值观或道德行为，政府至少要摆摆样子，而企业则可以坚持——虽然现在越来越困难——它们的一切任务就是赚钱。事实上，企业根本无须这样的争辩，因为它们的行为不会成为公开讨论的话题，但民主国家政治家的言行却无法逃脱这样的命运。虽然总的来说，政治世界比商业世界更易受到尊重价值观的约束，但在政治生活中，积极的政府官员的主要动机仍是政治职位的提升。虽然这一过程要受到民主的制约，但民主不过是一种很不管用的工具——有时比市场对企业行为的制约还不管用。

尤其是，当政府迫于压力向企业学习的时候，民主政治的许多特征就逐渐弱化，政府相对企业在道德领域中的优越性也是这样。前几章已经提出了几个例子，此处不妨考察一个更进一步的例子。最近几年，两位美国学者——经济学家理查德·泰勒（Richard Thaler）和律师卡斯·桑斯坦（Cass Sunstein）提出了"轻推一把"（nudge）的概念（Thaler and Sunstein, 2008），并出版了一本以此命名的书，该书的书名引起了巨大的关注。两位学者赞同这种"轻推一把"行为，将其描述为企业巧妙使用的技术，目的是诱使消费者做出他们本身毫无意识的购买行为，并暗示政府和其他机构可以利用相同的手法，鼓励人们选择健康的生活方式。有意思的是，许多政党的领导人认为，利用该思想，政府不用再制定法律法规去约束人们，也不用干预人们的实际选择，就能影响他们的行为。桑斯坦继而成为奥巴马总统偏左政府的一名官员，连英国偏右的保守党也对"轻推一把"思想表示非常钦佩。

该概念的核心表述了这样一个事实：公民/顾客常被引诱，做出他们毫无意识的事情——以至于"助推者"想阻止都阻止不了。诱使人们做出本身毫无意识的行为，就是利用人们知识不足或信息不充分这一点。这样做，既不符合民主原则，也不符合市场原则，但却是现代企业行为的本质。经济越是受到巨型企业的主导，巨型企业和公民/消费者之间的关系就越不对称。当越来越多的政治家或政府官员仿效这种商业行为，更恶劣的情况就会发生——政府与公民之间越来越不对称。泰勒和桑斯坦也提出了比较正面的动机：假如可以利用各种心理学上的技巧劝说人们购买商品，则可以利用同样的技巧劝说人们成为好公民，或照顾好自己的身体。但是，一旦政治家开始利用这种思想，它罪恶的一面就会显现，因为政府行为的透明度在不断下降。

第三，政治力量与民族国家具有压倒一切的联系，这是不能把壮大政府规模视为一种简单改革战略的第三个原因，也是一个与众不同的原因。这不仅意味着，政府很难成为全球舞台上一支真正"公共"的力量，而且还意味着，政治党派和政府继续努力用国家利益来实现自己的利益。随着经济的日益全球化，这不仅是不现实的，而且还助长了民族主义。从这一点出发，公共领域的保护很容易变成反对"外国人"（特别是移民和少数族裔），保护本国国民的行为。许多国家现有主要党派之间的正式竞争已经找不到内容——部分是因为所有党派实质都遵循企业章程，所以仇视外国人的运动刚好可以带来新鲜感，也为真正的选择提供了唯一的机会。他们所做的，就是把几乎所有政治党派都会使用的竞争性的民族认同推向极端。

在这种环境下，跨国企业作为一支生机勃勃的国际力量出现了。跨国企业能够对适合全球经济的后国家地理做出灵活的反应。如果反对跨国企业和保护民族国家的主张成为一种民族主义保护，就是一种退步。

我们从过去的保护主义时期了解到，进行民族保护的结果不仅会使贸易萎缩和财富全面减少，而且还会导致不同种族和不同国家之间冲突与仇视程度的上升。但是，假如公民权利的主张成为对抗跨国企业破坏我们生活的唯一工具，我们该怎么办呢？在这里，劳动法领域出现了特别重要的问题，因为针对跨国企业的员工权益保护使富有国家的工人与工资水平低、工作条件恶劣的国家的工人相互仇视，由此产生的问题只有诉诸国家层面才能解决。

· 超越政府、市场和企业 ·

我假定，阅读本书的人对于公共生活作为表达和实现价值观的空间这种思想感兴趣，即便我们对具体的价值观行为有不同见解。仅对政治或企业感兴趣，并把它们视作个人升官发财唯一路径的人，绝不会有耐心读到这里。我在第 7 章采用非常系统的方式，追溯了至少在西方社会，价值观与各种机构之间不愉快的、相互冲突的历史。有组织的宗教机构与"价值观卫士"的称号极不相称。企业与价值观的关系非常短暂，尽管企业偶尔做出大量的慈善行为和深具企业社会责任感的行为。政治仍然是现代社会争论价值观问题，号召人们奉行价值观行为的主要论坛。但是，我一直反对视此为理所当然的观点。那么，价值观追求到底应该定位在哪个领域呢？哪里才能提供认真对待道德，不把道德当作不同组织，特别是它们的领导人之间玩弄权术的把戏的力量源泉呢？

我们在第 7 章试图寻找通常所谓的"公民社会"的力量来源。公民社会的得名不是因为它的组织比任何其他由人类管理的机构更值得信任，而是因为它能产生一种真正的多元主义。公民社会越强大，政府与巨型企业就会受到越来越多不同方面的挑战——教会、志愿者组织、专业人士和支离破碎的价值观世界中其他的参与人——和更大的压力，参与不受它们控制的多元对话。

前一章讨论过职业道德是一种价值观制度化形式的思想，这在当前早已过时，因为政府和企业一致同意，专业人士不值得信赖，必须受到经理人的控制,由经理人为他们设置绩效目标,取代他们靠不住的道德。经理人的行为要受到市场的制约,从而保证他们自己的行为符合规范。约束手段由职业规范变为市场绩效的第一大职业是小报新闻记者。如果新闻工作者能从利润目标中解放出来,他们的工作就会与学者和教师非常接近。也就是说,他们可以像学者一样,受献身于追求客观知识的职业道德的引导;或像教师一样,受个人兴趣的驱使,努力地实现职业价值观。人们可以试想一下:假如教师和医生的职业行为像小报记者看齐,整个世界会变得更好吗?或反过来想一想小报记者的职业行为像教师和医生那样的情况。

随着各种职业受到市场绩效方面越来越多的压力,前一个备选方案极有可能成为现实。因此,职业道德影响行为有一个条件,这就是有关职业的服务对象只能通过市场选择有效地提出道德要求——从某种程度上来说,他们当然会尽力这样做。我们主张设立职业道德标准,并要求专业人士践行他们的口号,这是好事,也是很重要的事。如果我们能将更多的职业纳入这些标准的制约范围,我们就能提高彼此之间的信任。但是,政府与企业中间出现的主导趋势却与之相反——嘲笑职业道德的理念,希望人们提出更少而不是更多的道德要求,鼓励人们更多地利用本身极易受到公共和私人管理操纵的市场过程。问题的关键在于,依赖任何一种机制保证彼此的行为受道德标准的制约都要冒巨大的风险,我们承担不起。正如约翰·凯的发现(Kay,2007),因为个人职业道德可以为社会决策过程加入一定的道德成分,所以虽然新公共管理和委托—代理模式的主张是取消个人职业道德在社会决策过程中的作用,但我们绝不能采纳。我们需要强大的公民社会,使各种各样的压力都能发挥作用,以便我们比较和鉴别。

关于公民社会的这些观点并不新颖。20世纪50年代,美国已故经济学家J. K. 加尔布雷思(J. K. Galbraith)提出"雇员、消费者、储户和股东"团体必须成为制约企业的力量。20世纪90年代末期,朱利亚诺·阿玛托在研究《反垄断法》后,公开赞同加尔布雷思曾经说过的话,并在社会上大力宣传。此后不久,英国政治学家大卫·马昆德(David Marquand, 2004),提出"必须通过热心公民的道德责任,壮大公民

第8章 还剩下多少正确的思想?

社会的力量,矫正商业入侵政府和恢复自上而下的行政制度之间的平衡。"令人惊奇的是,加尔布雷思、阿玛托、马昆德等三人都是政治领域的局内人,只不过处于不同国家,不同时期而已。加尔布雷思是20世纪60年代初肯尼迪总统顾问集团的核心成员;阿玛托在最近几年曾担任意大利首相和其他的重要职位;马昆德是20世纪70年代英国议会的成员,后来在欧洲委员会担任要职。然而,他们三个人都不主张通过正式的政治过程解决我们讨论的问题,而是把我们引向了更加广阔的公民社会。

这既是坏消息,又是好消息。说它是坏消息,是因为它提到用"无权者的权力"去抗衡企业和政府机构的力量。它还表明,许多公民行为必须得到政府的帮助才能实现自己的目标。这是德布拉·斯比尼(Debra Spini, 2006)在一本关于后国家的公民社会的书中清楚传递的信息。斯比尼为我们展望了公民行为超越国家界限的广阔前景,同时又提醒我们需要不可或缺的看门人——牢固的民族国家民主政府的持续存在。虽然它已受到操纵,但政治党派仍是通向它的主要途径。说它是好消息,是因为它向我们表明,普通民众也可以干出惊天动地的大事情。我在本书的前言中说过,本书专为那些必须应对现实生活的人而写,不适合那些努力采用激进手段改造世界的人阅读。对抗世界可以包括成功地组织运动,取得许多小规模的胜利。最近几年,反对吸烟和不健康食品的正式运动得到不同程度的强化,说明政府的确经常采用干预手段,保护公民免受企业剥削。这些事实给我们带来了希望。推动此类政府行为的通常是那些资金匮乏,但具有高度责任感的专业人士和抱有善意的人们组成的小型集团。自吹自己有许多绿色或公平交易证书的企业绝不会在营销部门实践这些思想。在工会和其他团体,总有少数热心的活跃分子,他们发起运动,形成强大的压力,迫使企业做出反应。我们无须感到挫败,因为当今世界再也不像过去那样要求顺从权威。此外,人类历史上从来没出现过对公开、透明如此高的要求,也从来没有这么多的事业组织、记者和学者献身于反抗当权者、要求当权者接受审查的活动。新的电子交流方式使越来越多的事业组织可以用高度公开的方式表达自己的思想和意见。

现在来考察斯比尼这枚硬币的另一面：公民社会的大量行为采取了一种政治党派难以利用的方式跨越了国界。许多事业组织的成员、领导人和关注焦点早已具有真正的后国家特征。具有讽刺意味的是，跨国企业自己帮助构建了一个后国家的公民社会。这些公民社会通过跨国运作，使各种运动集团能够意识到它们之间存在共同利益。如果它们将自己的活动范围限制在国内正式的政治领域，它们可能不会发现这些共同利益。

最后，公民社会行为能够促进企业在政治领域发挥良性作用，使得尚未依赖企业基金的政治党派没有动机与企业过从甚密。在实行民主选举的国家，一个政党的主要动机是把过失归咎于竞争对手。假如企业行为失当，批评这些行为的反对党派也捞不到多少好处。相反，批评政府没有控制好企业的行为反而会收到更好的效果。企业的不当行为就这样逐渐淡出人们的视线。金融危机期间像这样的情况很多。墨西哥湾石油灾难发生后，甚至有人谴责奥巴马总统，尽管奥巴马本人反对近海石油钻探，而其对手支持它。

如上所述，如果在制定市场规则和形成企业运作的一般政治框架中，企业非常积极，并发挥强大的作用，则这一党派就会显得行事失当。公民社会的运动集团并不具有类似在野党的动机，把所有批评都转向当局，因此从这个方面来说，在发起适合我们时代的讨论时，它们比政党处于更有利的位置。当然，社会运动本身也可能被腐蚀。一方面，这种运动可能具有夸大其辞、吸引公众注意力的动机；另一方面，它们一直非常需要资源，所以它们很容易受到政治或企业甜言蜜语的哄骗，为获得运作资金或为组织领导人职业生涯的发展而向政治或企业做出妥协。为事业而战是艰难的，需要永不停止的努力和持续的警觉性。因此，我们绝对不能说："我们已经实现了我们的目标，所以现在可以休息了。"

那么，现在到底还剩下多少正确的思想呢？这句话的第一层含义是，金融危机后新自由主义还剩下些什么？答案一定是"几乎一切"。因为政治力量与经济力量的结合实在太强大，所以新自由主义的主导地位不会受到根本性的动摇。我们已经看到，银行的无耻行为造成的危机

第 8 章 还剩下多少正确的思想?

怎样被重新界定成一场公共支出危机。从目前来看，银行家的红利已经恢复到危机前的水平，与此同时，无数公共组织的职员变成了失业者。

这句话的第二层含义是，左派思想现在可以对新自由主义提出哪些有力的挑战呢？这个问题的答案更加复杂。本书不赞成回到政府主导的经济模式，而主张一个在政府、市场、企业和公民社会四种力量之间存在持续的、长久的、互相制衡的经济，因为本书认为上述四种力量都是建立良好社会之必需。只要这种制衡或冲突富于创造力，既能给企业提供创新动力，又能给集权行为提供约束——尽管它可能长期置于企业财富占据支配地位的阴影之下。

最后一个问题是——我们还能去哪里寻找价值观？这涉及如何理解正确的行为，因此这个问题的答案也是多种多样。在现代行为规范支离破碎的社会，价值观只能产生于争论和斗争中。但是，我们可以超越这一点，锁定促进集体和公共目标的价值观。个人主义本身的价值观，以及只有权利没有义务的价值观都是借口，因为只依靠自己，我们不能维持生存。如果我们的生活方式损害了其他人的生活，我们就冒着巨大的风险。如果无法保证别人承认和维护我们的产权要求，我们就不能拥有任何财产，也不能参与市场活动。所以，我们必须保护集体利益和公共利益。只要是人，就不能摆脱它带给我们的挑战。

参考文献

Amato, G. 1997. *Antitrust and the Bounds of Power*. Oxford: Hart.

Bork, R. H. 1993. *The Antitrust Paradox: A Policy at War with Itself*. 2nd edn. New York: Free Press. (Originally 1978)

Buchanan, J. M. and Tullock, G. 1962. *The Calculus of Consent*. Ann Arbor: University of Michigan Press.

Campbell, J. 2007. Why Would Corporations Behave in Socially Responsible Ways? An Institutional Theory of Corporate Social Responsibility. *Academy of Management Review*, 32, 3: 946–67.

Coase, R. 1937. The Nature of the Firm. *Economica*, 4: 386–405.

Coase, R. 1960. The Problem of Social Cost. *Journal of Law and Economics*, 3: 1–44.

Crane, A., Matten, D. and Moon, J. 2008. *Corporations and Citizenship*. Cambridge: Cambridge University Press.

Cucinotta, A., Pardolesi, R. and Van Den Bergh, R. (eds) 2002. *Post-Chicago Developments in Antitrust Law*. Cheltenham: Elgar.

Dahl, R. A. 1982. *Dilemmas of Pluralist Democracy: Autonomy Versus Control*. New Haven, CT: Yale University Press.

Friedman, M. 1970. The Social Responsibility of Business Is to Increase its Profits. *New York Times Magazine*, 13 September.

Friedman, M. and Friedman, R. D. 1980. *Free to Choose*. New York: Harcourt.

Froud, J., Johal, S., Papazian, V. and Williams, K. 2004. The Temptation of Houston: A Case Study of Financialisation. *Critical Perspectives On Accounting*, 15, 6–7: 885–909.

Galbraith, J. K. 1952. *American Capitalism: The Concept of Counter-Vailing Power*. Boston: Houghton-Mifflin.

Green, D. and Shapiro, I. 1996. *Pathologies of Rational Choice Theory*. New Haven, CT: Yale University Press.

Havel, V. 1985. *The Power of the Powerless*. London: Hutchinson.

Hertz, N. 2001. Better to Shop than Vote? *Business Ethics: A European Review*, 10: 190–3.

Hirschman, A. 1977. *The Passions and the Interests: Political Arguments for Capitalism Before Its Triumph*. Princeton, NJ: Princeton University Press.

IMF 2010. *A Fistful of Dollars: Lobbying and the Financial Crisis*. Washington, DC: International Monetary Fund.

Jensen, M. 2001. Value Maximization, Stakeholder Theory, and the Corporate Objective Function. *Journal of Applied Corporate Finance*, 14, 3: 8–21.

Johnson, S. 2009. The Quiet Coup. *Atlantic Home*, May.

Kay, J. 2007. The Failure of Market Failure. *Prospect*, 26 July.

Kocka, J. 2004. Civil society in Historical Perspective. *European Review*, 12, 1: 65–79.

Le Grand, J. 2006. *Motivation, Agency and Public Policy: Of Knights and Knaves, Pawns and Queens*. Revised paperback edn. Oxford: Oxford University Press.

Lindblom, C. E. 1977. *Politics and Markets*. New York: Basic Books.

Marquand, D. 2004. *The Decline of the Public: The Hollowing Out of Citizenship*. Cambridge: Cambridge University Press.

Néron, P.-Y. 2010. Business and the Polis: What Does it Mean to See Corporations as Political Actors? *Journal of Business Ethics*, 94, 3: 333–52.

OECD 1994. *The Jobs Study*. Paris: OECD.

Olson, M. 1982. *The Rise and Decline of Nations*. New Haven: Yale University Press.

Posner, R. A. 2001. *Antitrust Law*. 2nd edn. Chicago: University of Chicago Press.

Rasche, A. and Kell, G. 2010. *The UN Global Compact: Achievements, Trends and Challenges*. Cambridge: Cambridge University Press.

Reich, R. 2008. *Supercapitalism*. New York: Vintage Books.

Roy, W. G. 1997. *Socializing Capital: The Rise of the Large Industrial Corporation in America*. Princeton, NY: Princeton University Press.

Ruggie, J. G. 2007. Business and Human Rights: The Evolving International Agenda. *American Journal of International Law*, 101, 4: 819–40.

Ruggie, J. G. 2009. Business and Human Rights: Towards Operationalizing the 'Protect, Respect and Remedy' Framework. United Nations Human Rights Council, Eleventh Session, New York, 22 April.

Sabel, C., Fung, A. and Karkainen, B. 1999. Beyond Backyard Environmentalism. *Boston Review*, 24, 5.

Schmalensee, R. 2002. *Lessons from the Microsoft Case*. Florence: European University Institute.

Spini, D. 2006. *La società postnazionale*. Rome: Meltemi.

UK Treasury 2004. *Microeconomic Reform in Britain: Delivering Opportunities for All*. London: HMSO.

Vogel, D. 2008. Private Global Business Regulation. *Annual Review of Political Science*, 11: 261–82.

Williamson, O. E. 1975. *Markets and Hierarchies: Analysis and Antitrust Implications: A Study in the Economics of Internal Organization*. New York: Free Press.

Williamson, O. E. 1985. *The Economic Institutions of Capitalism*. New York: Free Press.

Williamson, O. E. and Masten, S. E. 1995. *Transaction Cost Economics*. Aldershot: Edward Elgar.

Wolf, M. 2008. *Fixing Global Finance*. Baltimore, MD: Johns Hopkins University Press.

推荐阅读

第1章 新自由主义的起源和发展

Amato, G. 1997. *Antitrust and the Bounds of Power*. Oxford: Hart.

Campbell, J. L. and Pedersen, O. K. (eds) 2001. *The Rise of Neoliberalism and Institutional Analysis*. Princeton, NJ: Princeton University Press.

Harvey, D. 2005. *A Brief History of Neoliberalism*. Oxford: Oxford University Press.

Medema, S. G. 2009. *The Hesitant Hand: Taming Self Interest in the History of Economic Ideas*. Princeton, NJ: Princeton University Press.

第4章 私人企业和公共事业

Flinders, M. 2005. The Politics of Public–Private Partnerships, *British Journal of Politics and International Relations*, 7: 215–39.

Freedland, M. 1998. Public Law and Private Finance – Placing the Private Finance Initiative in a Public Frame. *Public Law*: 288–307.

Froud, J. and Shaoul, J. 2001. Appraising and Evaluating PFI for NHS Hospitals. *Financial Accountability and Management*, 17, 3: 247–70.

Osborne, D. and Gaebler, T. (1992). *Reinventing Government: How the Entrepreneurial Spirit Is Transforming the Public Sector*. Wokingham: Addison-Wesley.

第5章 被私有化的凯恩斯主义：
债务取代了戒律

Bellofiore, R. and Halevi, J. Forthcoming. Deconstructing Labor: A Marxian-Kaleckian Perspective on What Is 'New' in Contemporary Capitalism and Economics. In C. Gnos and L.-P. Rochon (eds), *Employment, Growth and Development: A Post-Keynesian Approach*, Cheltenham: Elgar.

Boyer, R. 2005. From Shareholder Value to CEO Power: The Paradox of the 1990s. *Competition & Change*, 9, 1: 7–47.

Davis, G. F. 2009. *Managed by the Markets: How Finance Reshaped America*. Oxford: Oxford University Press.

Finlayson, A. 2009. Financialisation, Financial Literacy and Asset-Based Welfare. *British Journal of Politics & International Relations*, 11, 3: 400–21.

Hay, C. 2009. Good Inflation, Bad Inflation: The Housing Boom, Economic Growth and the Disaggregation of Inflationary Preferences in the UK and Ireland. *British Journal of Politics & International Relations*, 11, 3: 461–78.

Kay, J. 2009. *The Long and the Short of It*. London: The Erasmus Press.

第6章 从企业与政治的纠缠
到企业的社会责任

Mellahi, K., Morrell, K. and Wood, G. 2010. *The Ethical Business*. London: Palgrave.

第7章 价值观与公民社会

Hallberg, P. and Wittrock, B. 2006. From *koinonia politikè* to *societas civilis*: Birth, Disappearance and First Renaissance of the Concept. In P. Wagner (ed.), *The Languages of Civil Society*. Oxford: Berghahn.

Keane, J. (ed.) 2006. *Civil Society: Berlin Perspectives*. Oxford: Berghahn.

Van Kersbergen, K. 1995. *Social Capitalism: A Study of Christian Democracy and the Welfare State*. London: Routledge.

译后记

2008—2009年金融危机席卷全球金融市场，导致多家大型金融机构倒闭或被政府接管。这场金融危机貌似对最近几十年来统治西方世界的经济理论——新自由主义——提出了严重的挑战，但奇怪的是，新自由主义思想在金融危机之后并没有消逝，反而更加强大。英国沃里克大学商学院政府与公共管理研究中心的教授科林·克劳奇为此写作本书，专门解释新自由主义永不消逝的重要原因。

本书具有如下特点：

第一，权威性。本书的作者科林·克劳奇是总部位于德国的马克斯·普朗克社会研究院的外部科学成员。他曾在伦敦政治经济学院讲授社会学，也曾在牛津大学、欧洲大学研究院担任社会学教授。他现在是英国科学院成员和经合组织公共治理与区域发展司的专家顾问。作为一位著名的经济社会学家，克劳奇不仅在理论上具有较高的造诣，而且对公共服务改革和经济社会实践也非常熟悉。这使得本书在该领域具有很强的权威性。

第二，独特性。过去人们一直认为市场与政府之间的对抗是许多社会主要的政治冲突，但本书认为在新自由主义思想的渗透下，政府、市场和企业已不再相互对抗，而是进行了一系列调整与折中。本书使用犀利的语言，抨击新自由主义对巨型企业主导地位的偏爱和容忍、巨型企业对市场的控制和对政治的入侵，以及企业与政治的纠缠。最后，本书还提出了抗衡上述三种力量的第四种力量——公民社会。公民社会利用微弱的力量，持续不断地批评、抨击和揭发政府、市场和企业三角关系中的不良行为和滥用行为。尽管这根本不能改变企业主导的资本主义秩序,但可以在一定程度上维持民主所必需的多元主义。这些新颖的观点具有相当的独创性。

第三,可读性。本书面向的是普通读者,而非专业人士。因此不像学术专著那样,载有大量的参考文献和注释,而只是为每一章提供了少量的参考文献和进一步阅读的建议。

总的来说,本书不仅内容丰富、立论独特、观点鲜明,而且语言精练、笔锋犀利、用词表达恰到好处,不愧是出自于一位知名经济社会学家之手。本书德文版还被享誉国际的弗里德里希·艾伯特基金会评为当年最好的政治类著作。

翻译本书使译者深感荣幸,同时获益良多。在此,谨向本书的策划者,中国人民大学出版社大众图书出版中心费小琳主任表示深切的感谢,感谢她将本书引入中国,为译者提供了宝贵的翻译机会,让中国的读者有机会了解科林·克劳奇教授的先进思想和独特视角。除此之外,译者也要向中心的李琳编辑和李晨曦女士致以谢意,她们细致而高效的工作给译者留下了深刻的印象。

本书的翻译工作主要由蒲艳、蒋丹、王兰、汤晖和曾瑞雪等负责,翻译初稿完成后,由蒲艳负责总校译。由于时间仓促和水平有限,翻译中的偏颇和错误在所难免,敬请读者批评指正。

蒲艳

2013 年 3 月

The Strange Non-Death of Neoliberalism by Colin Crouch

Copyright © Colin Crouch 2011

This edition is published by arrangement with Polity Press Ltd., Cambridge.

Arranged through CA-LINK International LLC

Simplified Chinese version © 2013 by China Renmin University Press

All Rights Reserved.

图书在版编目（CIP）数据

新自由主义不死之谜/（英）克劳奇著；蒲艳译. —北京：中国人民大学出版社，2013.4
（当代资本主义研究丛书）
ISBN 978-7-300-17298-9

Ⅰ.①新… Ⅱ.①克…②蒲… Ⅲ.①新自由主义(经济学)-研究 Ⅳ.①F091.352

中国版本图书馆CIP数据核字（2013）第067168号

当代资本主义研究丛书
新自由主义不死之谜
科林·克劳奇　著
蒲艳　译
Xinziyou Zhuyi Busizhimi

出版发行	中国人民大学出版社		
社　　址	北京中关村大街31号	邮政编码	100080
电　　话	010-62511242（总编室）	010-62511398（质管部）	
	010-82501766（邮购部）	010-62514148（门市部）	
	010-62515195（发行公司）	010-62515275（盗版举报）	
网　　址	http://www.crup.com.cn		
	http://www.ttrnet.com（人大教研网）		
经　　销	新华书店		
印　　刷	北京昌联印刷有限公司		
规　　格	160 mm×235 mm 16开本	版　次	2013年4月第1版
印　　张	9.75 插页1	印　次	2013年4月第1次印刷
字　　数	155 000	定　价	29.00元

版权所有　侵权必究　印装差错　负责调换